메코시코주쿠 유학생 대학수험 총서

일본유학시험 (EJU) 실전문제집 전10회수록

일본어

기술 · 독해 Vol.1

JAPANESS AS A FOREIGN LANGUAGE

HED 글로벌 인재 육성, 1984년 설립
(주)해외교육사업단

監修　豊 原 明（東京大学 PhD）
陳 茂（東京大学）

編著　柏 原 節 子（早稲田大学大学院）

執筆　稲 吉 史 晃（成蹊大学）
佐 野 汐 梨（早稲田大学）
堀 川 友 良（早稲田大学）
倉 井 香 矛 哉（早稲田大学大学院）

Published by MEKO EDUCATION GROUP Co.,Ltd
Dai-san Yamahiro Bldg. 2F, 4-1-1, Kita-Shinjuku, Shinjuku, Tokyo 169-0074, Japan
ISBN978-4-909907-01-1
First published 2019

머 리 말

일본유학시험(EJU)은 외국인유학생이 일본의 대학에 입학함에 있어 일본어 및 기초학력 평가를 목적으로 2002년부터 실시하고 있는 시험입니다. 2019년 현재, 6월과 11월에 연 2회 실시하고 있으며 일본에서만이 아닌 아시아를 중심으로 한 많은 나라에서 수험할 수 있습니다.

일본유학시험의 시험과목은 일본어, 이과(물리 · 화학 · 생물), 종합과목과 수학으로 크게 4과목으로 나뉘어져 있으며 이과는 물리 · 화학 · 생물의 3과목에서 2과목을 선택하고, 수학은 코스1과 코스2 중 하나의 코스를 선택합니다. 각 과목의 시간배분은 일본어가 125분, 일본어 이외의 과목은 80분입니다. 배점은 일본어가 450점 만점, 다른 과목에 대해서는 각 200점 만점입니다. 각 과목에는 전문용어도 다수 쓰이고 있기 때문에 어휘력과 문제에 따라서는 독해력도 필요합니다.

메코시코주쿠에서는 일본유학시험의 경향, 분석 등의 연구를 평소 철저히 실시하고 있습니다. 본교에서 작성한 실전문제를 수업에 도입하였더니 실제 시험에서 고득점을 얻은 본교의 학생으로부터 "수업에서 푼 실전문제가 많은 도움이 되었다." 라는 의견이 있었습니다. 그러한 경위에서 한 사람이라도 더 많이, 일본유학시험을 수험하는 분들에게 힘이 되고 싶다는 생각에서 본 책을 출판하였습니다.

본 책은 과거 일본유학시험의 출제내용에 기초하여 작성하였고 각 과목마다 과거에 출제된 문제에 매우 가까운 내용으로 구성되어 있습니다. 난이도나 출제범위의 경향도 확실히 파악하고 매년 조금씩 변화해가는 경향에도 대처하고 있습니다. 또한, 해설에서는 문제의 요점을 명확하게 기재하고 있으므로 자신이 부족하다고 느끼는 지식이나 틀리기 쉬운 분야를 파악하기 쉽게 되어 있습니다.

학습에 있어서는 마크시트 출제형식에 익숙해지는 것과 더불어 틀린 문제는 반복해서 풀어보십시오. 단순히 암기하는 것만이 아니라 "왜 이러한 답이 되는가?", 해설을 참고하여 해답의 의미까지 확실하게 이해하는 것이 좋습니다.

본 책을 다루신 여러분이 실제 시험에서 고득점을 달성하여 목표로 하는 대학으로 진학하는 꿈을 실현할 수 있도록 마음 속 깊이 응원하고 있습니다.

2019년 6월

메코시코주쿠

본 책에 대하여

본 책의 특징과 활용법

본 책을 입수한 수험생 여러분은 일본의 일류 대학에 진학을 목표로 하여 첫 관문으로써 일본유학시험을 수험하는 것이겠지요. 어떻게 하면 시험에서 고득점을 얻을 수 있는가? 무엇을 공부하면 좋은가? 등에 대한 답은 이 『실전문제집』에 있습니다.

본 책에는 일본유학시험의 경향에 입각하여 작성된 10회분의 실전문제와 기술의 모범해답, 독해의 해답 · 해설이 담겨 있습니다. 조금씩 풀어가도 좋지만 가능하다면 실제 시험을 상정하여 풀고 속도감이나 읽는 분량의 많음에 익숙해지는 것이 좋습니다. 시험 때 고득점을 받기 위해서는 집중해서 문제를 푸는 연습이나 제한시간을 의식하여 시간배분 연습을 해두는 것이 매우 중요합니다.

그리고, 다 풀었다면 해답 · 해설을 잘 읽고 정답에 이르는 과정을 확인하고 더불어 자기채점을 하여 지금 자신의 레벨과 실제 시험 때의 레벨의 차이를 인식하는 것이 중요합니다. 또한, QR코드로 접속할 수 있는 Web페이지에서 다른 수험생들과 득점비교도 가능하므로 자신의 입지를 확인하면서 학습을 진행하면 좋습니다.

아래에 일본유학시험 「기술」「독해」의 분석과 각각에 대한 학습 어드바이스를 기재해둡니다. 실전문제에 몰두함과 더불어 시험공부의 마음가짐이 되길 바랍니다.

일본유학시험「기술」

【묻고 있는 점】

1. 과제의 내용을 정확하게 이해하고 있는가
2. 과제에 따라 주장을 정리하고 있는가
3. 구체적으로 근거나 예를 나타내고 있는가
4. 다각적 시점을 가지고 있는가
5. 「문장」이 세련되게 구성되어 있는가 (전체 구성, 어휘나 표현)

【과제의 형태】

① 하나의 화제에 대해 두 가지의 의견이 명시적으로 밝혀져 있고, 어느 쪽이 좋은가를 서술하는 것.

② 하나의 화제를 제시하고, 이유나 구체적인 예를 제시한 후에 화제에 대한 의견을 서술하는 것.

※(②처럼 보여도 실제로는 ①의 형태에 가까운 것도 많음)

【어드바이스】

단순한 작문이 아닌 소논문에 가까운 것임을 의식하여 논리적인 문장을 쓰는 것이 필요합니다. 또한 제한시간 내에 기술을 완성하는 것에는 〈서론→본론→결론〉과 같은 「틀」을 염두에 두고 써가는 것이 좋습니다. 일례를 들어두므로 참고하기 바랍니다.

서론 …과제를 이해한다는 것을 나타낸다. (여기서 주장의 방향을 간결하게 나타내도 좋다.)

(예) ~라는 문제가 있다. (이에 대하여 나는 ~이라고 생각한다.)

본론 …내용을 다각적, 구체적으로 전개한다. 두 가지 의견의 비교나 구체적인 예 등은 여기서 나타낸다.

(예) 확실히 ~라는 생각도 있다. 하지만, 그러한 생각에는 ~라는 문제가 있다. 그에 비하여 ~라는 생각에서는 ~이다.

(예) 실제로 ~라는 예가 있다. ~라는 이유나 ~라는 이유로 생각할 수 있다.

결론 …과제에 대한 결론을 확실하게 나타낸다.

(예) 고로 나는 ~라고 생각한다.

기술대책으로써 무엇보다도 중요한 점은 실제로 손을 움직여서 쓰는 것입니다. 머리 속에서 생각하고 있는 것만으로는 기술능력은 늘지 않습니다. 실제로 써서 선생님에게 첨삭을 받아보는 것이 좋습니다. 또한, 무엇을 쓰면 좋을지 모르겠다는 수험생은 평소 사회에 관심을 가지고 여러 지식을 인풋하는 노력이 필요합니다. 그리고, 인풋하는 것만이 아닌 어떤 사회현상에 대해 어떻게 생각하는지 자신의 의견을 말할 수 있도록 트레이닝 해 두는 것도 중요합니다. 인풋과 아웃풋을 반복하는 가운데 사고도 깊어져 갑니다.

어휘력이나 표현력의 향상을 위해서는 좋은 책을 읽는 것이 좋습니다. 하지만, 많은 시간을 할애할 수 없다는 수험생도 많을 것입니다. 그러한 경우에는 독해문제의 문장을 이용하는 것도 좋습니다.

일본유학시험「독해」

【묻고 있는 점】

1. 설명문이나 논설문, 대학에서 필요한 실무적 · 실용적인 문서내용을 이해할 수 있는가
2. 지문의 의도를 알고 있는가
3. 선택지를 비교하면서 정답을 이끌어 냈는가

【출제되는 문장】

설명문, 논설문, 수필, 대학의 게시판에 있는 것과 같은 실무적 · 실용적인 문서. 구체적으로는 아래와 같은 것이 출제됩니다.

인문과학 …… 사상, 인식, 교육, 문화, 미학 등

사회과학 …… 가족, 사회구조나 변화, 경영, 경제 등

자연과학 …… 과학기술, 동물이나 식물의 생태 등

그리고, 이들 분야의 중간영역인 학제적인 화제도 자주 출제됩니다. 예를 들어 AI의 이야기는 과학기술의 진보에 대한 이야기이기도 하지만 사회의 변혁이나 인간의 삶에 관한 이야기로도 이어집니다.

【어드바이스】

독해문제에서 고득점을 얻기 위해서는 처음에 지문을 읽고 무엇을 알아내면 좋은가를 염두에 두고 본문을 읽으면 좋습니다. 독해문제에는 본문을 쓴 사람과 지문을 만든 사람의 두 사람이 있다는 점을 잊어서는 안 됩니다. 출제자의 의도까지 알아내게 된다면 오답을 포함한 선택지를 간파하기 쉽게 되고 정답률은 비약적으로 상승합니다.

독해문제 지문의 종류로는 아래의 ①~⑤와 같은 것이 있으므로 자신이 약한 부분이 있다면 평소 그 부분의 연습을 늘려가면 좋습니다.

① 본문의 주안점, 필자가 가장 말하고 싶은 것을 묻는 문제.

② 밑줄이나 키워드의 내용 · 이유를 묻는 문제

③ 내용이 맞는지를 묻는 문제

④ 지시어의 내용을 묻는 문제

⑤ 빈 칸 채우기, 구체적인 예를 추측하는 것 등, ①~④ 이외의 다양한 유형.

편의적으로 ①~⑤로 구분하였지만 ①과 ②는 명확하게 나뉘어져 있지 않습니다. 일본유학시험의 경향으로서 ①이나 ②내지 ①과 ②의 융합적 지문이 많고 문장의 주안점이나 필자의 주장을 파악하는

능력이 중요하다고 말할 수 있습니다.

또한, 본문의 글자수나 지문 수의 관점에서 말하자면 단문(400자), 중문(600자), 장문(800자)인 문제가 있지만 각각에 대해서는 아래와 같은 조언을 해두고 싶다.

400자 단문

본문을 읽어 나가는 도중에 의미를 이해할 수 없게 되었다 하더라도 어쨌든 마지막까지 읽는 것이 필요합니다. 이야기의 결론 부분을 이해하였다면 자세한 부분을 이해하기 쉬워집니다.

600자 중문, 800자 장문

문장이 길어지면 다소 읽기 어렵다고 느낄지도 모르지만 '첫 번째 지문은 문장의 전반, 두 번째 지문은 후반을 이해하였다면 풀 수 있다.' 라는 경우도 적지 않습니다. 마지막까지 읽고 문장 전체를 이해하고 나서 답하는 것이 이상적이지만 가능한 지문부터 풀어 가는 요령으로, 실제 시험을 의식한 연습도 하였으면 합니다.

마지막으로 기본적이지만 중요한 점을 서술하고 싶습니다. 독해력을 기르려면 평소 일본유학시험에서 출제되는 것과 같은 문장에 익숙해질 필요가 있습니다. 상술한대로 인문과학, 사회과학, 자연과학, 그리고 학제적인 문장이 출제됩니다. 이러한 출제범위의 대응력을 기르기 위해서는 고교생이나 대학교 1학년생이 읽는 레벨의 각 분야 입문서와 같은 책, 나아가 학제적인 책을 읽어두면 좋을 것입니다. 실제로 출제되는 문장도 해당 레벨의 문장입니다.

득점분포의 확인

● STEP 1

먼저 각 회의 실전문제 표지 오른쪽 아래에 있는 QR코드를 스마트폰으로 읽어냅니다.

● STEP 2

읽히게 되면 해답용지가 표시됩니다. 정답이라고 생각하는 번호를 클릭하여 진행해봅시다. 마지막까지 다 풀었다면 화면 아래에 있는 「제출과 정답표」 버튼을 누릅니다.

● STEP 3

정답표가 표시됩니다. 틀린 문제는 정답번호가 빨갛게 표시되므로 확실히 복습합시다. 「해설」 버튼을 누르면 해설을 확인할 수 있습니다. 또한, 화면 아래쪽의 「득점분포를 본다」라는 버튼을 누르면 자신의 득점과 전체 수험자 중에서 자신의 위치를 확인할 수 있습니다.

※ 확인하기 위해서는 등록과 로그인이 필요합니다. (→조작방법은 STEP4에서 확인하실 수 있습니다.)

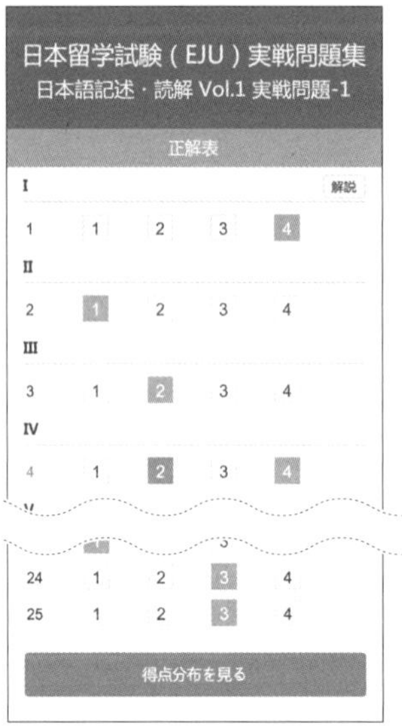

● STEP 4

「득점분포를 본다」라는 버튼을 누르면 등록화면이 표시됩니다. 필수항목을 모두 기입하고 「등록」 버튼을 눌러주십시오.

● STEP 5

자신의 득점 및 득점분포가 표시됩니다.

※ 실전문제는 몇 번이든지 수험할 수 있습니다만 득점과 득점분포의 산출은 1인당 1회만 가능합니다.

※일본유학시험과 거의 동일하게 항목반응이론에 의한 득점등화를 실시하고 있습니다.

※ 수험자수가 증가함에 따라서 득점기준이 변화하는 점을 양해바랍니다.

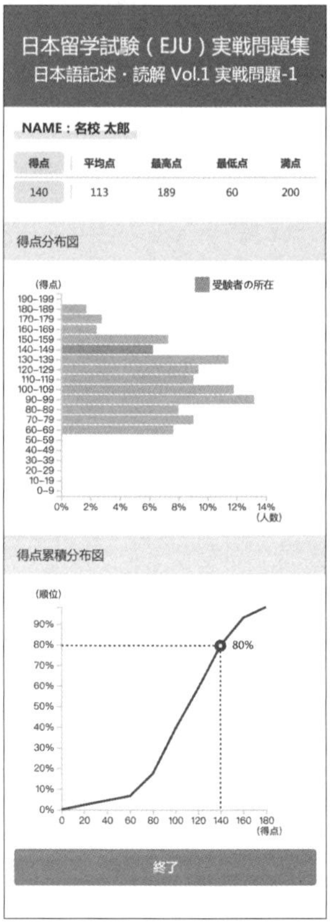

일본유학시험(EJU) 실전문제집
일본어 기술 · 독해 Vol.1

CONTENTS

第1回

実戦問題

解答時間 70分

正解と得点分布図確認

QRコードを読み取ってオンライン解答用紙に解答を記入し、正解と得点分布を確認してください。

記述問題

説明

記述問題は，二つのテーマのうち，どちらか一つを選んで，記述の解答用紙に書いてください。

解答用紙のテーマの番号を○で囲んでください。

文章は横書きで書いてください。

解答用紙の裏（何も印刷されていない面）には，何も書かないでください。

記述問題

以下の二つのテーマのうち，どちらか一つを選んで 400〜500字程度で書いてください(句読点を含む)。

1．

働き方には，「仕事に可能《かのう》な限り時間をかけ，より高い給与《きゅうよ》を求める」という方法や，「生活と仕事のバランスを考え，生活に必要な分の給与を得るために働く」という方法があります。

あなたなら，どのような働き方を選びますか。上の二つの方法に触《ふ》れながら，あなたの意見を理由とともに述べなさい。

2．

子供《こども》を指導《しどう》するためには，「どんな場合でも体罰《たいばつ》を与えてはならない」という考え方や，「場合によっては体罰が必要なこともある」という考え方があります。

あなたなら，どのような指導の仕方を選びますか。上の二つの方法に触《ふ》れながら，あなたの意見を理由とともに述べなさい。

読解問題

説明

読解問題は，問題冊子に書かれていることを読んで答えてください。

選択肢１，２，３，４の中から答えを一つだけ選び，読解の解答欄にマークしてください。

Ⅰ　次の文章で，筆者が，人間はうまくできていると述べているのはなぜですか。　**1**

これまでに一体何がこわかったでしょうか。何も別にこわいものもなかったようにも思えますし，何もかも恐ろしいことばかりだったような気もします。それでは人間はいろいろと文句もありましょうが，万事都合よくできているものなのでしょうか。確かにうまくできていますし，うまくできすぎているとも言えます。特に苦しい感情，何とかして避けたいと思ったものが，もう過去のものになってしまいますと，まことに都合よくできていることが分ります。それはどんなに苦しいことでも，想い出してその苦しさをそのまま感ずるようなことがないばかりか，むしろ後から想い出す時には苦しみも想い出として，愉快なものにさえなっています。どれほど記憶が正確であっても，感情はその正しい記憶によってそのまま昔通りに湧いて来るものではありません。想い出すとぞっとするというのは表現だけでありまして，事実は別です。それですから，恐ろしかった想い出話を，楽しげに笑いながしてみせるという変な芸当が人間にはできます。

（串田孫一『ものの考え方』学術出版会）

1．苦しかったことを過去のものとして忘れられるから

2．「ぞっとする」という言い方で苦しさを表現できるから

3．人に話したり笑うことで苦しさを和らげることができるから

4．苦しかった記憶を愉快なものにすら変えられるから

II　次の文章はインターンシップの募集要項です。内容と合っているものはどれですか。

2

東日大学公認　外国人留学生インターンシップ

応募資格：本大学に在籍する外国人留学生に限ります。ただし，インターンシップ期間中はやむを得ない場合を除いて日本に滞在すること。

給　　与：本大学が取り扱うインターンシップは，アルバイトではなく，職場体験を目的としているので無報酬とします。ただし，応募した企業により昼食代や交通費が支給される場合があります。

勤務条件：週２回～（企業の指定する場所で働きます）

応募方法：各提出書類に必要事項を記入し，12月４日までに下記の提出先へ持参すること。その際，本人確認を行います。

提 出 先：東日大学　キャリアセンター

選　　考：応募締め切り後，受付順に面接を開始します。定員を超える応募があった場合は，面接の成績を考慮して選考します。
（日本語能力が著しく低い場合は，インターンシップに参加できません。）

1．書類の提出は必ず自分で行わなければならない。

2．定員を超えた場合，受付順で参加者が決まる。

3．インターンシップ期間中でも自由に帰国が認められている。

4．報酬は出ない場合があるが，昼食代や交通費は支払われる。

III　次の文章で筆者は，「孤独」とはどういうときに感じるものだと言っていますか。

3

大衆のなかで，また社会のなかで，〈孤独〉をかみしめつつ日々の要求を果たしてゆくわれわれの生活は，決して孤立してなどいない。というより，じっさいには，すでに内的意識としては，自分が連帯したいものをいくつかもって連帯を志向しつつ生きているのである。人はそれぞれ，心のなかで自分の好きな恋人，実現したい仕事，仲よくやっていきたい友人などをひそかに決めていて，そのひそかなあてこみがうまくゆくと幸せだと感じるが，それがうまくいかないで，自分のあてとか，つもりとか，願いがむなしくとり残されてしまうと，孤独を感じるのである。つまり，ここには，たとえ隠されてはいても，すでにこころのなかに意中の人とかうまくやりとげたい仕事とかが決まっていて，それらを変更したり，断念したりしたくないのに，そうしなければならないから，われわれは悩み苦しむのである。…（略）… ここには連帯を前提にしつつ，連帯からふりはなされたみじめな私がいる。この私が，連帯を志向しつづけるかぎり感じ悩むもの，それが私の言う孤独なのである。

（小原信『孤独と連帯』中央公論社）

1．連帯したいものが何も見つからないとき

2．連帯を求めてもうまく関係を築けないとき

3．連帯関係を断ち切ったり変更したりできないとき

4．連帯関係を諦めて，一人でいることを覚悟したとき

IV　次の文章で，筆者は，死についてどのように考えていますか。　**4**

私たちの生活というのは，死というものを目前にすることが非常に少なくなっています。

よく言われることですが，昔は，ふつう，家で亡くなるわけですから，臨終のときには家族はもとより，周りも親族一同も集まってきて，苦しんだり平静に死んだり，そういうふうにしてこの世から旅立つ肉親を，祈りながら見守っていました。そして*湯《ゆ》灌《かん》というのをつかいました。

ぼくも子供心におぼえていますけれども，母が亡くなったときも，お湯をたらいに入れ，痩《や》せて三分の一ぐらいになった体をタオルでみんなが拭いてあげるのです。そのように死の儀式を家族の手で行なうことにより，死んでゆく，滅びてゆく肉体というものを手で触るように，子供心ながらに感じられたものです。ぼくの母は四十四歳で亡くなったのですが，ぼくが十三，四のころですけれども，本当に死というものが目に見えて感じられたものです。

でも今は，病院の集中治療室かなんかで科学的に亡くなり，子供たちも死というものを生々しく実感する機会が少なくなってきているんです。

（五木寛之『生きるヒント』角川書店）

＊湯灌：亡くなった人の体を清めること

1．昔は，家で死を見ることは少なかった。
2．今は，科学的な理解が進んで死が身近になった。
3．今は，科学的な死と肉体的な死が分けられている。
4．昔は，死は身近にあり目に見えて感じられた。

V　次の文章で筆者が最も言いたいことはどれですか。　**5**

　不死の思想というものは人間中心の思想であり，それは人間のはなはだ利己的な思想ではないでしょうか。このような人間中心の利己的な思想では，もはや人類は生きてゆくことができないのではないでしょうか。このような文明ではいけません。むしろ，「人間は死すべきものだ，生きとし生けるものは死すべきものだ」という考え方こそが，人類の未来に繁栄を保証する思想ではないでしょうか。自分は死んでも子どもたちは生きていく。自分が死んで子どもを生かす。この思想は，動物の世界では，ごく普通の思想です。人間が動物に学ばねばならない。

　サケは長い間回遊の旅をして，その後，ふるさとへ子孫を残して死ぬために帰ってきます。ふるさとの川で子どもを残したサケは，そのまま死んでいく。そういう，子どもを残して死ぬために千里を遠しとせず故郷の川に帰る，そういう親サケの行為はまさに仏教の語る利他の行為です。

（梅原猛『人類哲学序説』岩波書店）

1．人間も動物も，子孫を残すために生きている。
2．利己的な思想が文明の発達を促してきた。
3．人間も動物と同様，利他の思想を持っているはずだ。
4．利他の思想を持つことが人類の課題である。

VI　下線部「美に対する利休の考え」として，最も適当なものはどれですか。　**6**

千利休の朝顔をめぐるエピソードは，比較的よく知られた話であろう。利休は珍しい種類の朝顔を栽培して評判を呼んでいた。その評判を聞いた秀吉が実際に朝顔を見てみたいと望んだので，利休は秀吉を自分の邸に招く。ところがその当日の朝，利休は庭に咲いていた朝顔の花を全部摘み取らせてしまった。やって来た秀吉は，期待を裏切られて，当然不機嫌になる。しかしかたわらの茶室に招じ入れられると，その床の間に一輪，見事な朝顔が活けられていた。それを見て秀吉は大いに満足したという。

このエピソードに，美に対する利休の考えがよく示されている。庭一面に咲いた朝顔の花も，むろんそれなりに魅力的な光景であろう。しかし利休は，その美しさを敢えて犠牲にして，床の間のただ一点にすべてを凝縮させた。一輪の花の美しさを際立たせるためには，それ以外の花の存在は不要である。いやそれどころか邪魔になるとさえ言えるかもしれない。邪魔なもの，余計なものを切り捨てるところに利休の美は成立する。

（高階秀爾『日本人にとって美しさとは何か』筑摩書房）

1．多くのものが競い合う中で美が生まれる。
2．多くの犠牲を払うことが美の本質である。
3．余計なものを取り去ることで美が際立つ。
4．美は，決して鑑賞者にこびることはない。

VII　下線部「これ」が指す内容として，最も適当なものはどれですか。　**7**

スポーツであれ，芸事であれ，あるいは物づくりにおいてもおしなべて基礎というものがある。華々しい作品やパフォーマンスに比べて基本はいたって地味だけれども，それは家を建てるときの土台のようなもので，地中に埋もれて人目には触れない。外観を美しく装うことと比べても，基礎を打つのには時間も労力も膨大にかかるので，長い時間をかけてじっくり物事を見定めていく気構えが坐っていないと，その真価のほどを確かめることができない。

これを文化全体にまで問題を広げてみても，日本の伝統文化には服飾，美術，建築，芸能と諸領域を跨ぎながら，それぞれを共通の文脈で結んでいた身体的な基礎が打たれていたことが見て取れる。直線裁断されたキモノを帯で留める服飾造形は，腰を中心とした立居振舞いの基礎を定めているし，またそれは爪先重心の履物の歩行様式と共通の基盤を持つ身体技法であった。

（矢田部英正『美しい日本の身体』筑摩書房）

1．ものごとには，目立たないが重要な基礎というものがあるということ
2．美しく華麗であることは基礎に比べて軽薄でつまらないということ
3．日本の美学では，基礎の部分を他人に見られてはならないということ
4．基礎の重要性を見極めるには，長い時間が必要であるということ

VIII　次の文章の（　Ａ　）に入るものとして，最も適当なものはどれですか。　**8**

＊生涯教育が望ましいことは，誰しも異論がないであろう。しかし，どんなに年をとっても常に新しい知識を吸収し，進歩し続けるということはすばらしいことであるが，それだけを善しとする生涯教育を考えると，問題が生じてくると思われる。老人になっても進歩すると言えば聞こえがいいが，老人になると多くの能力が失われてゆき，そして最後は死に到るのが実状ではなかろうか。前よりも少しでも進歩することのみを単純に善しとする教育観には，「（　Ａ　）」を入れ込むことができない。

端的に表現すれば，生涯教育の視座に「（　Ａ　）」が入っているのでなければ，時にそれは有害なものにさえなるだろう。下手をすると，老人のなかに――現在の子どもたちと同じく――「落ちこぼれ」をつくることにもなりかねない。知能や技能がどれだけ増加したか，という観点だけでなく，人間の成熟とは何か，ということが考慮されなかったら，生涯教育は危いものになる。言うなれば，「いかに生きるか」だけではなく，「いかに死ぬか」ということについても考えてこそ，生涯教育と言えるのではなかろうか。

（河合隼雄『子どもと学校』岩波書店）

＊生涯教育：人生の全期間を通じて何かを学び続けること

1．生
2．技能
3．知識
4．死

IX　下線部「マイクロインフルエンサーの狭いけれども濃い影響力の方が高まっていく可能性がある」の理由として，最も適当なものはどれですか。 **9**

マーケティングの業界でインフルエンサーというと，すぐにタレントや有名人，識者などに会員として入ってもらってエッセイを書いていただいて――という発想をする人がいます。

しかし，こうした有名人は「すべての人に対して広く浅く影響を与える人」，すなわち一般的なインフルエンサーにはなれるかもしれませんが，同じ趣味嗜好を持つ小さなコミュニティの中で「少数の人に対して深く大きな影響を与える人」，つまりマイクロインフルエンサーにはなり得ません。

だからタレントの起用は，クチコミサイトのインフルエンサー戦略としては実はあまり正しくないということになります。もちろん，そうしたタレントのマスに対する薄い影響力を否定するわけではありませんが，いまのように消費者の側が自分の好みをどんどん細分化させている状況の中では，タレントの薄いマス影響力よりも，マイクロインフルエンサーの狭いけれども濃い影響力の方が高まっていく可能性があるということです。

（佐々木俊尚『電子書籍の衝撃』ディスカヴァー・トゥエンティワン）

1．今ではタレントや有名人に以前ほどの影響力がないから
2．一般的なインフルエンサーの広く浅い影響力は無意味だから
3．以前と比べて消費者が好むもの自体が減ってきているから
4．現代では消費者の好みが画一的ではなくなってきているから

X　次の文章の内容と合っているものはどれですか。　10

　自信喪失はおそろしい。それを回避するのはたいへん難しい。ことに恵まれた環境で，まわりからチヤホヤされることに馴れて育った人間ほど，自信家になりやすく，自信過剰な人間ほど自信喪失の危険にはまりやすい。
　存在感がなくなった，といって殺人をする若ものがいる。やはり自信喪失である。自信回復するにはどうすればよいのか，誰も教えてくれないから思い余って，とんでもないことをするようになる。
　優秀だと人から羨《うらや》ましがられるような才能をもっている恵まれた人ほど，自信喪失に陥りやすい。二番手，三番手を走っているのなら，間違っても自信過剰になったりする気づかいがないから，安心である。
　才能や幸運に恵まれるのは，実に危ういことである。君子淑女は平々凡々をこそ願うべきである。
　秀才，才人は自信がなくても生きてゆかれる。自信などない方が，いっそう力をつけることができる，不遇の中にチャンスがある，ということを，なるべく人生の早い段階で，自ら発見しなくてはいけない。秀才，エリートたることまた難《かた》し，である。

（外山滋比古『「マイナス」のプラス』講談社）

1．特別な才能がないほうが，むしろ自信喪失の危険性がなくてよい。
2．チャンスをつかむためには，自信喪失を経験しなければならない。
3．人生の早い段階で成功した人は，その後努力をしない傾向がある。
4．真に才能や幸運に恵まれた人は，挫折を恐れず，挑戦し続ける。

このページには問題はありません。
次のページに進んでください。

XI　次の文章を読んで後の問いに答えなさい。

僕たちは，何かを羨しがっている人の姿を想像してみることにしましょう。それは，実に腑抜けの姿であります。俳優は大体において，多くの人たちに偶像化されることが彼らの念願でありましょうが，その念願をかなえてやる人たちが彼らの周囲に集って，俳優に見とれている時の姿をよく見ておくといいと思います。これは愛情などとは凡《およ》そ遠い姿だと思います。俳優がどんな役にも自分の個性をはっきりと強く生すか，それとも自分の扮する如何《いか》なる役にも，全くその人物になり切るか，このことは俳優にとっては大問題ですが，自分に対して羨望を抱いている人の前に出るのには，そのいずれでも構いません。俳優の写真は，*扮装したものでも，素顔のものでもよく売れます。

羨望はこのように，魂の抜けたものです。魂が抜けているあいだは，ただその映像にまるで射《い》すくめられているばかりです。この状態から自分に戻ろうとする時に，いろいろの不幸が生れます。

その中で最も重要なことは，羨む状態が，自分のものでないという意識ばかりが強く，そこへ到達することができるかどうか，あるいは，その羨望が自分にいいことかどうかというような判断などはないのですから，そのうちに羨む対象が憎くなります。それは羨望の度が強ければ強いほど憎む気持も大きなものになります。

多くの人に羨望の眼を向けられるのは恐らく悪い気持ではないと思いますが，そのことに酔うまえに，まずこの羨望者たちがどんな風に変貌して行くかを知っておかなければならない。何かを他人にみせびらかしているものは，きっと暫《しばら》くして禍《わざわい》が降りかかって来るでしょう。

（串田孫一『ものの考え方』学術出版会）

＊扮装：俳優などが役柄に合わせて，化粧や衣装で装うこと

問1　下線部「俳優の写真は，扮装したものでも，素顔のものでもよく売れます」とありますが，その理由を筆者はどのように考えていますか。 **11**

1．羨望者たちは，俳優の扮装も素顔もそれぞれ適切に評価しているから
2．羨望者たちは，俳優の外面よりも内面を評価しているから
3．羨望者たちは，俳優に夢中で判断力を失っているから
4．羨望者たちは，写真を買うという行為自体に価値をおくから

問2　筆者の考える「禍」とはどういうことですか。 **12**

1．羨望者が魂の抜けた状態になること
2．羨望者に飽きられてしまうということ
3．羨望者がいることで慢心してしまうこと
4．羨望者に憎まれてしまうということ

XII　次の文章を読んで後の問いに答えなさい。

日本では，「男は，日に三言」，などと多弁を戒《いまし》めた『*葉《は》隠《がくれ》』の教訓など，とかく〈喋る〉ということを軽んずる風潮があります。いつから使われはじめたのか，中年にさしかかった女性をオバタリアンなどといって馬鹿にするとき，その特性として，厚かましいとか，我がままである，などという批判に続いて，必ずお喋りという点があげられる。〈喋る〉ことは，何か下品で押しつけがましい，マイナスのイメージを持つことのように言われています。

でもぼくは，実はそのことに反対なのです。人間は直立歩行する動物であり，物を考える存在であると同時に，〈喋る〉という特徴を持つものではなかろうかと思います。

昔から「沈黙は金」といいますね。黙っているほうが自分をごまかせるものです。口数の多い人は，おのずと自分の内面や教養，知識のレベル，生い立ちのすべてを暴露してしまうことになる。ですから用心深くて深慮遠謀のある人は人前で多くを語らない。無口であればあるほど，ごまかしがきく面があるのです。

しかし，それでは，余りにもつまらないんじゃないかと思いますね。生きていることの喜びのひとつは，何かを肉体で表現することであり，〈喋る〉ということもまた，立派に自分を表現することだとぼくは思うのです。

貧しい自分なら貧しい自分なりに，卑《いや》しい自分なら卑しい自分なりに——。喋ることが持っているカードのすべてを相手にさらしてしまう危険性をともなうものであればあるほど，私たちは〈喋る〉ことを大切にしなければならないのです。

（五木寛之『生きるヒント』角川書店）

＊葉隠：江戸時代の書物

問１　下線部「そのこと」の説明として最も適当なものはどれですか。 **13**

1．喋ることを人間の特性だと捉えること
2．中年にさしかかった女性をバカにすること
3．女性と男性をひとまとめに扱うこと
4．口数が多いのを否定的に捉えること

問２　〈喋る〉ことについて，筆者の考えと合っているものはどれですか。 **14**

1．無口な人は頼りになるので大切にするとよい。
2．自分を危険にさらす可能性があるが，大切なものだ。
3．口数の多さで自分をごまかせる人は有能だ。
4．卑しくて下品な人ほど口数が多くなる傾向がある。

XIII　次の文章を読んで後の問いに答えなさい。

人間の目というのはいつも何かを見ている。見ているのはいつも一点。その見ている一点の辺りだけにピントが合い，その前後はボケている。電車の窓越しに風景を見るとき，窓ガラスの疵《きず》はボケて見える。疵だと思ってそこを見ると，こんどは外の風景がボケて見える。人間の目の見ている世界は，必ずどこかボケているのだ。

でも人間の目はいつも動いている。頭で考えなくても自動的に目が近くを見て遠くを見て，目の前の世界をせわしなく確認している。だからトータルな映像としては近くも遠くもはっきり見えていることになり，*ファン・アイクやホルバインたちは (1)それを描いていたのだ。

つまり人間の頭にとっては全部にピントの合った**パンフォーカスが本物そっくりの映像だけど，人間の目にとってはそうではない。目の瞬間を取り出したら，必ず前後どちらかがボケている。

いまはカメラが目の瞬間を取り出すので，映像の中のボケは常識となっている。でも***フェルメールの時代にカメラはなかった。その時代にフェルメールは，本物そっくりから一歩進んで，人間の目にそっくりの絵を描いたのである。

(2)フェルメールの絵が，うまいだけでなく「物凄く」うまいというその「物凄く」は，どうもそこのところにあったのだ。いつも誰の目もが感じているけど，それを取り出そうとするとわからなくなる，そういう目の性質をフェルメールは絵にとらえたのである。

（赤瀬川原平『赤瀬川原平の名画読本』光文社）

＊ファン・アイクやホルバイン：ともに，画家

＊＊パンフォーカス：近くのものから遠くのものまで，ピントが合っていること

＊＊＊フェルメール：画家

問１　下線部(1)「それ」とは何を指していますか。　**15**

1．人間の目そのもの
2．ボケのない映像
3．ガラスの疵
4．自身の自画像

問２　下線部(2)「フェルメールの絵が，うまいだけでなく『物凄く』うまい」のはなぜですか。　**16**

1．目の揺らぎを再現すべく，絵全体をうまくぼかして描いているから
2．人物を描くときに，特にその目を強調して，印象的に描いているから
3．人間の目の欠点をカバーして，すべてにピントを合わせて描いているから
4．人間の目が持っている性質を，うまく絵の中に表現しているから

XIV　次の文章を読んで後の問いに答えなさい。

今から一年以上も前になるだろうか，*十一代目市川海老蔵の**襲名披露興行が，日本の各地で開催された後，パリまで遠征したことがあった。私はもちろん見ていないが，なかなかの評判であったらしい。つい先頃パリに出かけたときにも，フランスの友人からそのときの話を聞かされた。

歌舞伎の華やかな舞台は，外国ではおおむね評判は良い。だがその時，かの友人が特に興味を抱いたのは「口上」の舞台だったという。大勢の役者が盛装してずらりと並び，仲間の一人が名前を変えたということを挨拶するやり方がよほど珍しかったのであろう。いや単に珍しいだけでなく，いささか奇異な感じを拭いきれなかったようである。もちろん，襲名とは何かという一応の説明はなされていたが，それでも完全には納得できなかったという。

実際，西欧社会では，人気役者がそれまで広く親しまれてきた名前を捨てて別の名前を名乗るなどということはまずない。…（略）… 名前はあくまでも個人のもの，一代かぎりのものだからである。

だが日本の場合は違う。「海老蔵」とか「団十郎」という名前は，個人を超えた権威ないしは重みを持っている。その重みを支えているのは，それまでこの名前を負ってきた個々の役者の努力の積み重ねの成果であり，それをめぐる人々の思い出や評判である。つまり歴史である。襲名とは，その歴史の遺産を受け継いで，それをさらに豊かにしていくための巧妙な仕掛けと言ってもいい。伝統はそのようにして形成されていく。

（高階秀爾『日本人にとって美しさとは何か』筑摩書房）

＊十一代目市川海老蔵：歌舞伎役者の名前

＊＊襲名：先人の名前を継ぐこと

問１　下線部「奇異な感じを拭いきれなかった」とありますが，何を奇異に感じたのですか。 **17**

1．大勢の役者が盛装して，舞台に並んでいること
2．日本国内だけでなくパリにまで来て襲名披露をすること
3．役者が名前を変え，さらに皆で襲名の挨拶をすること
4．日本の役者は，自分の名前に親しみを持っていないこと

問２　襲名について，筆者の考えと合っているものはどれですか。 **18**

1．襲名を通じて歴史の重みを継承し伝統を豊かにすることができる。
2．襲名は日本独自の伝統であり，個人を否定する考え方に基づく。
3．襲名が巧妙な仕掛けとなることで，伝統の形骸化が心配される。
4．襲名は，日本の衰退しつつある伝統を救うために考え出された。

XV　次の文章を読んで後の問いに答えなさい。

牛革のどの辺を裁断したら靴の素材として適しているかは，職人たちの長年の経験に基づいて判断されていた。また革の質についても，同じように経験から，部位による利用価値の差を見極めていたという。高価な靴の素材は切り取る場所を慎重に検討するが，通常の靴の素材はできるだけ多く切り取れるようにという，効率性が重視されていた。

革の性質を科学的に判断するのには，引っ張り試験で異方性を測定する程度であった。つまりストリップ状に革を切り取って，その張力が部位によってどのように異なるかを調べるのである。裁断しようとする革の性質そのものも，ウシの種類や年齢によって配向性が同じかどうかも分かっていなかった。

代表的な牛革で測定したデータから，どの辺が強くてどの辺が弱いのかを推定することは可能であった。しかし張力測定は破壊法である。いったんサンプルとして切り取ってしまえば，張力の異方性が分かったとしても，その箇所は靴の素材として（　Ａ　）。

職人たちの長年の経験と勘を頼りに築かれてきたこの産業も，他の分野同様，後継者不足が悩みとなっているようだ。しかし，自動計測で革の配向性を評価し，質の良し悪しが判断できるようになれば，経験に頼らずとも作業が速やかに進むし，用途に応じて裁断箇所を選択することも可能となる。私は，マイクロ波方式で自動的に計測してコラーゲン線維の配向性を認識し，靴の製作に最も適した箇所を有効に切り取る方法を提案することにした。

（大﨑茂芳『コラーゲンの話』中央公論新社）

問1　（　A　）に入るものとして最も適当なものはどれですか。　19

1．もはや使えなくなってしまう
2．むしろ使うべきではないだろう
3．あえて使うまでもない
4．おそらく使おうとは思わないだろう

問2　筆者によると，筆者が提案した方法はどのような効果をもたらしますか。　20

1．後継者の応募者数が多くなり，後継者不足の問題がなくなる。
2．今まで科学的に測定できなかった，革の強さの測定ができるようになる。
3．職人では判断しきれない革の良し悪しを，自動計測で判断できる。
4．職人がいなくても，革の性質について判断できるようになる。

XVI　次の文章を読んで後の問いに答えなさい。

花が咲き終わった後には，種子ができる。(1)枝からぶら下がる種子もなかなか面白い。何しろ，カエデの種子は，二枚のプロペラがついたような形をしているのだ。

これは二つの種子がつながっていて，一つの種子は一枚のプロペラを持っている。竹トンボのように二枚のプロペラで降りてくるように見えるかもしれないが，実際には，種子は二つに分かれて，このプロペラでくるくると回りながら舞い降りてくるのである。ヘリコプターのように飛ぶわけではないが，プロペラが回り滞空時間が長くなることによって，風に乗って移動するのである。

さらにカエデの種子は，(2)表面がざらざらとしている。

飛行機のように高速で飛ぶ場合は，揚力《ようりょく》が発生する。しかし，カエデの種子のようにゆっくりと風を切るようなプロペラには揚力は発達しない。むしろ，空気の粘性《ねんせい》が働いて，大げさに言えば，水あめのようにベタベタとまとわりついて飛行の邪魔をする。そこで，カエデの種子は，ざらざらとした表面が，空気の流れを作り，スムーズに空気をやり過ごす。すると，回転によって小さな空気の渦《うず》が生まれ，羽の上方の空気圧が下がって，羽が上に引き上げられる仕組みになっているのである。

何気なく風に乗っているように見えるカエデの種子は，じつはこんな複雑な仕組みで舞っていたのである。いったいこんなに高度な航空力学を，どうやって身につけたのだろうか。

こうして，不思議な種子を飛ばし終えたカエデの葉は，やがて色づいていく。そして，季節は秋になっていくのである。

（稲垣栄洋『スイカのタネはなぜ散らばっているのか』草思社）

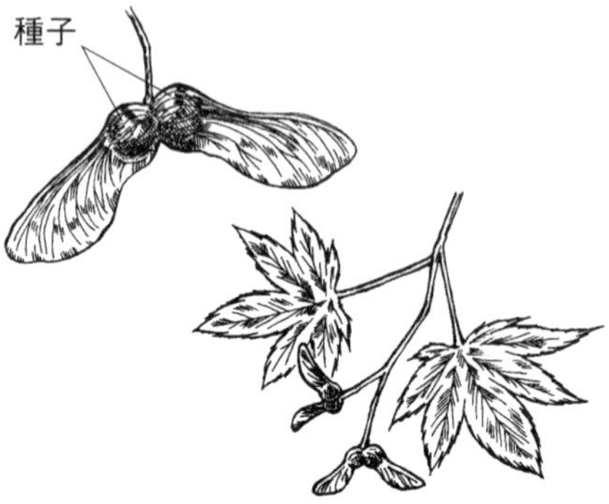

問1　下線部(1)「枝からぶら下がる種子」はどのように落下しますか。 21

1．二つの種子がつながった状態のまま落ちる。
2．一つの種子に一つのプロペラがついた状態で落ちる。
3．一つの種子に二つのプロペラがついた状態で落ちる。
4．二つの種子のうち片方だけがプロペラをつけた状態で落ちる。

問2　下線部(2)「表面がざらざらとしている」とありますが，筆者は，それによってどのような効果があると述べていますか。 22

1．高速で落下するときに，揚力が生じやすくなる。
2．空気が回転し，プロペラ無しでも遠くに飛びやすくなる。
3．落下時の衝撃が和らぎ，種子が傷つきにくくなる。
4．空気の流れが生まれ，遠くまで飛びやすくなる。

XVII　次の文章を読んで後の問いに答えなさい。

展覧会で絵を観るのを，絵を鑑賞《かんしょう》するという。観察するとはいわない。絵を観察するのは専門の学者が絵の物体としての状態を調べることで，科学の分野となる。鑑賞はそうではなくて，描かれた絵の内容を，ただ，「いいなあ……」と観て味わうことである。その場合，その内容のどの辺を，どのくらい味わっているかは，人それぞれだ。ぼくはできるだけたくさん味わうために，模写をお奨《すす》めしたい。

絵の模写は，ふつうは絵の技術の修練のためにおこなわれている。でも絵の鑑賞のためにも，模写をしてみると凄《すご》くいいのだ。でも人は，いったん絵筆を手にすると頑張《がんば》りすぎる。絵を描くからには自分独自の，自己実現をというので，模写を超《こ》えて，結局は表現の泥沼《どろぬま》状態になったりする。

(1)そうではなくて，はじめから絵を観るための模写なんだ，画家の絵筆の追体験なんだと決めて，たとえばゴッホの「ひまわり」の印刷を見ながら油絵の具でキャンバスに描き写していく。

描いてみて，案外うまくいくのに驚《おどろ》くだろう。実物の向日葵《ひまわり》を見てあのように描くのはとてもできないことだが，いったんゴッホが平面の絵にしてくれたものを模写するのは，楽である。もともと名画だから，写し終われば目の前には形のいい線と鮮《あざ》やかな色づかいの向日葵の絵が出来上がっている。目の前が開けたようないい気持ちだ。

自己表現というような負担がないから，軽々と絵の世界に踏《ふ》み込《こ》むことができる。その間に油絵の具の感触《かんしょく》やキャンバスという画面の手応《てごた》えや，絵を描く過程のもろもろの感覚を，いつの間にか摂取《せっしゅ》している。

そんなことがあった上で絵を見ると，よりいっそう絵に共感できるのだ。なるほど，この画家はここの所をこういう気持ちで描いていったんだなと，ちょうど俳句を詠《よ》んだ人のその気持ちに最接近したような，ちょっとした(2)透明《とうめい》人間のような感覚を得ることができるのである。

（赤瀬川原平『目玉の学校』筑摩書房）

問１　筆者は，一般に模写が行われる理由は何だと考えていますか。 **23**

1．実際に描くことで，技術を詳しく学べるから
2．絵への共感を得ることができるから
3．写すだけなので，誰でもうまい絵が描けるから
4．自己表現をする上での練習になるから

問２　下線部(1)「そうではなくて」の意味として，最も適当なものはどれですか。 **24**

1．画家の技術を自分のものにしようと頑張るのではなくて
2．模写の出来栄えについての評価を気にするのではなくて
3．絵に自分自身の独自性を出そうと苦闘するのではなくて
4．絵を通じて画家の自己表現を理解しようとするのではなくて

問３　下線部(2)「透明人間のような感覚を得ることができる」とはどういうことですか。 **25**

1．模写という行為を通じて，体全体で絵を味わえる気がすること
2．自己表現を目指す苦しみを画家と理解し合える気がすること
3．自己を離れ，絵に表れる画家の心をそのまま味わえる気がすること
4．あらゆる主観から離れて，絵を客観的に分析できる気がすること

第 1 回の問題はこれで終わりです。
解答・解説は p.314 を参照してください。

第2回

実戦問題

解答時間 70分

国語

正解と得点分布図確認

QRコードを読み取ってオンライン解答用紙に解答を記入し、正解と得点分布を確認してください。

記述問題

説明

記述問題は，二つのテーマのうち，どちらか一つを選んで，記述の解答用紙に書いてください。

解答用紙のテーマの番号を○で囲んでください。

文章は横書きで書いてください。

解答用紙の裏（何も印刷されていない面）には，何も書かないでください。

記述問題

以下の二つのテーマのうち，どちらか一つを選んで 400〜500字程度で書いてください（句読点を含む）。

1.

現在，いろいろな国や地域《ちいき》で，環境破壊《はかい》によって昔からあった豊かな自然が減少《げんしょう》していることが問題になっています。

この問題について，あなたの知っている国や地域の例を挙げ，状況《じょうきょう》を説明しなさい。

そして，その問題を解決するためにはどうすればよいか，あなたの考えを述べなさい。

2.

現在，いろいろな国や地域《ちいき》で，都市部《としぶ》に人口が集中し，郊外《こうがい》では人口が急速《きゅうそく》に減っていることが問題になっています。

この問題について，あなたの知っている国や地域の例を挙げ，状況《じょうきょう》を説明しなさい。

そして，その問題を解決するためにはどうすればよいか，あなたの考えを述べなさい。

読解問題

説明

読解問題は，問題冊子に書かれていることを読んで答えてください。

選択肢１，２，３，４の中から答えを一つだけ選び，読解の解答欄にマークしてください。

Ⅰ　下線部「教訓」とはどういうことですか。 **1**

私のよく行く釣り宿の主人の話によれば，*山女はすこぶる階級的な生活をしているそうである。大きな淵などには三〇センチを超すような主が一匹，三〇センチ前後の将官クラスが二，三匹，二七，八センチの佐官クラスが一〇匹……最後に一二センチぐらいの三年魚が一〇〇匹，七，八センチの二年魚が二〇〇匹，四，五センチの一年魚が五〇〇匹というように棲んでいる。上からエサが流れてくると第一食事権は主にある。主がいらないというそぶりをみせると，将官に権利が移る。こうして階級が上の魚ほど優先権がある。

さて今**鉤のついたエサが流れてきた。この道十数年の主は瞬間危険をさっして権利を放棄する。将官もそれにならう。最後までいってこのエサはまだ教訓のたりない稚魚が食べる。釣り人はいま釣った魚が未成魚だったことを知って残念がる。釣った魚を川にもどす。こうなってはこの淵ではまた半日釣れないのである。だから，と主人は言う。同じ川にいっても大きな山女を釣る人はいつも大きなのを釣ってくる。自然にエサを流すことができないと，幼魚しか釣れないことになる。

この山女の階級社会は，宿の主人の長年の蓄積から生まれた推論であって確認されたことではないけれど，確かに釣り人の経験にかなり合致するのである。

（内山節『山里の釣りから』農山漁村文化協会）

＊山女：河川に生息する魚

＊＊鉤：先が曲がった，金属製の器具。釣り針

1．もしエサに鉤があれば，エサを吐き出せばよいということ

2．エサには針がついていて，釣り上げられる危険があること

3．釣り上げられても，小さければ放してもらえること

4．階級を飛び越えて，エサを食べてはならないということ

II　次の文章は，大学セミナーハウスの利用申し込みについてのお知らせです。この内容と合っているものはどれですか。 **2**

セミナーハウスの利用申し込みについて

（1）申し込み場所

・1号館1階，学生課

・大学ホームページ「セミナーハウス利用申し込み」からも受け付けます。

（2）予約手続き期間

利用日の前月1日から利用開始日の14日前まで。

（3）予約時に必要なもの

・学生証のコピー。学生がゼミやサークルなど学校公認のグループで申し込む場合は，代表者の学生証のコピーのみでかまいません。

・利用料金…参加人数×食費込み施設使用料(7000円)×宿泊日数
ただし日帰り利用の場合は，1人3500円とします。

・ホームページからお申し込みの場合は，申し込み後，予約手続き期間中に学生課で利用料金の支払いをしてください。

（4）予約の変更について

予約手続き期間内であればキャンセル料はかからず全額返金いたします。それを過ぎてしまった場合，利用開始日の5日前までであれば30%，それ以降は50%のキャンセル料をいただき，清算後に返金させていただきます。

1．利用日当日にキャンセルした場合，利用料金の50%が返却される。

2．学生が友達同士で申し込むときは代表者の学生証のコピーを提出すればよい。

3．ホームページから申し込んだ場合の利用料金は，利用日に施設で払う。

4．セミナーハウスに宿泊しない場合でも，利用料金は1人7000円かかる。

III　次の文章で，筆者が最も言いたいことはどれですか。　**3**

人間が生きてゆくことは大変なことです。人生とは，決してかろやかなものでも，明るいものでもありません。

冷静にふり返ってみればみるほど，人間の世界には，まっ黒い巨大な淵《ふち》がぽっかりと不気味な口をあけています。

そこをのぞきこむことの不快さに，私たちは目をそらし，できるだけかろやかに明るく生きてゆこうとする。しかし実際には，そういう努力は，ほんの一時のなぐさめにすらならないのではないか，と考えることがあります。

私たちはいつの間にか悲しむことを忘れ，暗さに沈潜することを嫌い，そして涙を流すこと，感傷的になること，哀愁を感じることを軽蔑するようになってきたのではないでしょうか。

「ユーモアの源泉は哀愁である」

と，マーク・トウェインが言うとき，その声の背後には深い苦渋《くじゅう》がかくされています。

私たちはもっと率直に，心の中の切なさ，悲しみ，または苦しみを，はっきりと口に出して表現したほうがいいのではないでしょうか。

（五木寛之『生きるヒント』角川書店）

1．生きることは苦しみの連続である。

2．人は，暗さを乗り越えて明るく生きるほうがよい。

3．悲しみや苦しみは，口に出せば忘れられる。

4．人は，もっと悲しみや暗さを表現してよい。

IV　次の文章で，筆者が考える「精神科医」の特徴はどれですか。　**4**

「薬に頼りたくない」「西洋医学はどうも信じられない」と診察室で打ち明ける人は，昔も今も少なくない。

興味深いのは，脳ブームと言われ，心の仕組みや精神疾患を脳科学的に理解しよう，という人が増えているにもかかわらず，「クスリってなんだか怖くて。ネットにも危険だって書いてありましたよ」と拒否反応を示す人はいっこうに減らない，ということだ。

これが精神科ではなくて内科や耳鼻科であれば，「自己責任でお好きな治療者のところへどうぞ」とあっさり言えるのかもしれないが，精神科医はそこまでクールになれない。ほとんどの場合，患者さんは正しい知識に基づいて薬の治療を拒否しているのではなくて，ネットや知人からの根拠のない情報を信じて，「すべての精神科薬は危険」と思っている。だとしたら，とりあえずは正しい情報を与え，その上で選択してもらうのが医師としては良心的な態度と言えるだろう。

それに，もう一歩進んで言えば，精神科医としては，なぜ患者さんが病院にまでやって来て「薬はいやだ」と言うのか，そこに何らかの深い意味やもしかすると今回の不調と直結するような問題が隠れているのではないか，と勘ぐってしまうこともある。だから，「あ，そう。じゃ東洋医学でも何でもお好きなところへどうぞ」と突き放すのではなくて，「その西洋医学はおかしい，というあなたの気持ちをもう少し教えてくれませんか」と問いかけてみるのだ。

（香山リカ『悪いのは私じゃない症候群』KKベストセラーズ）

1．東洋医学を否定し，西洋医学しか信じない。
2．患者が何らかの嘘をついていることを前提に診察をする。
3．患者の要望と病気が関係している可能性を考えて対応する。
4．医師としての見解よりも，患者の要望を尊重する。

V　次の文章で，筆者は，チーターから逃げるガゼルの動きをどのように言っていますか。

5

動物の中でもっとも走るスピードが速いのがチーターである。チーターの走る速度は，時速一〇〇キロメートルを上回るというから，驚くべきスピードだ。一方，獲物となるガゼルのスピードは，時速七〇キロメートルに過ぎないから，これでは，とてもチーターから逃げ切ることはできない。

ところが，これだけ圧倒的なスピードの差があるにもかかわらず，チーターの狩りの成功率は七割だという。つまり，三割ものガゼルは，猛スピードで追いかけてくるチーターから見事に逃げ切っているのだ。ガゼルは，どのようにしてチーターから逃げ切っているのだろうか？

チーターに追われると，ガゼルは巧みなステップで飛び跳ねながら，ジグザグに走って逃げるのである。そして，ときには，クイックターンをして方向転換をする。チーターは直線では最高速度を発揮するが，ジグザグに走るガゼルを追いかけようとすると，最高速度で追いかけることができないのである。

（稲垣栄洋『弱者の戦略』新潮社）

1．相手に最高速度を出させない，直線的な動き
2．相手に最高速度を出させる，複雑な動き
3．相手に最高速度を出させる，直線的な動き
4．相手に最高速度を出させない，複雑な動き

VI　次の文章で，筆者は，日本人が美の鑑賞を年中行事として好むのはどうしてだと述べていますか。 **6**

「実体の美」は，そのもの自体が美を表わしているのだから，状況がどう変わろうと，いつでも，どこでも「美」であり得る。《ミロのヴィーナス》は，紀元前一世紀にギリシャの植民地であった地中海のある島で造られたが，二一世紀の今日，パリのルーヴル美術館に並べられていてもその美しさに変わりはない。仮に砂漠のなかにぽつんと置かれても，同じように「美」を主張するであろう。だが「状況の美」は，状況が変われば当然消えてしまう。春の曙や秋の夕暮れの美しさは，長くは続かない。状況の美に敏感に反応する日本人は，それゆえにまた，美とは万古不易のものではなく，うつろいやすいもの，はかないものという感覚を育てて来た。うつろいやすいものであるがゆえに，いっそう貴重で，いっそう愛すべきものという感覚である。日本人が，春の花見，秋の月見などの季節ごとの美の鑑賞を，年中行事として特に好んで今でも繰り返しているのも，そのためであろう。

（高階秀爾『日本人にとって美しさとは何か』筑摩書房）

1．移ろいやすい美を心の中で永遠のものにしたいと思うから
2．はかない美にこそいっそう敏感に魅力を感じるから
3．季節ごとの美を愛でることは，日本の伝統だから
4．美の鑑賞を行事として行うことで結束が強まるから

VII　下線部「読書は，一定の精神の緊張を伴う」のはなぜですか。　**7**

読書は，一定の精神の緊張を伴う。この適度の緊張感が充実感を生む。読書は，一人のようで一人ではない。本を書いている人との二人の時間である。著者は目の前にいるわけではないので，必要以上のプレッシャーはない。しかし，深く静かに語りかけてくる。優れた人の選び抜かれた言葉を，自分ひとりで味わう時間。この時間に育つものは，計り知れない。読書好きの人はこの一人で読書する時間の豊かさを知っている。

インターネットの隆盛に伴って，すべてを情報として見る見方がいっそう進むであろう。素早く自分に必要な情報を切り取り，総合する力は，これからの社会には不可欠な力である。しかし，何かに使うために断片的な情報を処理し総合するというだけでは，人間性は十分には培われ得ない。

（齋藤孝『読書力』岩波書店）

1．孤独に自分と向き合わなければならないから
2．インターネットの文章よりも内容が難しいから
3．本の著者と向き合う必要があるから
4．素早く情報を切り取る力が必要だから

VIII　次の文章で，筆者は制度について何と言っていますか。　**8**

制度とは一般的に，なにかの〈設定されたもの〉を意味するが，誰がどうやってそれを設定するのかといえば，もっともわかりやすいかたちでは，人間同士が意思的に契約することでおこなわれる。そのかぎり制度は，物質的行為ではなくて精神的行為であるが，ひとたび設定されると客観的なものとして実在性をもち，逆に人々に働きかけ，人間の行為を保護したり，拘束したりする。人間は社会生活を営むかぎり，いろいろな場面で制度を仲立ちにして生きざるをえないが，そういうものとして，制度は，典型的な制度として考えられる法律や経済，政治の制度としてあるだけでない。家族，自治体，会社，学校，病院，政党，軍隊，国家などの組織も制度によって構成されている。

その上，制度がたいへん捉えにくいのは，意思的，意識的につくられたものだけでなく，自然発生的，習慣的に形づくられたものもあるからである。さらに制度には，人間によってつくられたものでなく，もともとあった自然のものと見誤れるものさえあるからである。

（中村雄二郎『臨床の知とは何か』岩波書店）

1．人工的で主観的なものである。
2．自然発生的に形作られることもある。
3．人間が作ったと誤解されることがある。
4．契約への署名など専ら物質的行為である。

IX　下線部「キレやすい子が増えている原因」は何だと筆者は述べていますか。　**9**

さて，懸案事項にしておいたキレやすい子が増えている原因ですが，それについては食生活が関係しているとか，テレビゲームが脳に悪影響を与えているとか，環境ホルモンのせいもあるんじゃないかとか，いろんな方がさまざまなことをおっしゃっている。食べ物や脳のことは専門ではありませんので，私自身の体験にもとづいた考えを一つだけ言い添えておきたいと思います。

ひと言で言うなら，それは社会の刑務所化によって増大したストレスです。たとえば，今，都会で多くの人が暮らしているアパートやマンション。閉鎖的な狭い空間が密接して集まっているさまは，広さは違えど刑務所の構造と非常によく似ています。自由が許されているのは自分の住空間である壁の内側だけで，常に他人の存在を意識していなければならない。それも複数の他人と廊下やエレベーター，出入り口や建物の周りの自然まで共有しなければなりません。部屋の鍵さえかければ閉鎖されて，自分のプライバシーを守れる環境ではあるけれど，それゆえ逆に，同じマンションに住む他人への興味や競争心が高まってしまい，さまざまな軋轢《あつれき》や葛藤を生むことにつながっています。

（加賀乙彦『悪魔のささやき』集英社）

1．住環境の変化によって人との交流が減り，孤独を抱えているから

2．常に他の人を意識した暮らしで，ストレスがたまっているから

3．子どもの脳が，未だ外部の生活環境にうまく適応できないから

4．最近の子どもは，バランスの取れた食事を取れていないから

X　筆者は，下線部「本人をよく知っていると却って良い伝記が書けない」原因は何だと述べていますか。 **10**

＊従僕に英雄なし，ということわざがある。世間では英雄，偉人とあがめられる人物がいるとする。尊敬するのは，見ず知らずの人たちである。もっとも近くにいる召使いは，もっともよくその偉大さを知っていてよさそうなのに，むしろ逆である。主人の身のまわりの世話をしている従僕には，小さな欠点の方が目立ち，離れていなければわからない風貌を見ることがない。人がどんなに誉めようと，召使いは賛同しない。…（略）…

ひとの伝記を書くには，生前のその人をよく知っていることが条件であるように考えられる。しかし，実際，本人をよく知っていると却って良い伝記が書けないということもある。本人をよく知っているといえば，配偶者，肉親などにまさるものはないが，そういう人たちの書いた伝記で後に残るということはまずあり得ない。生前，親友であったという人が亡友の伝記を書くということはときどきあるが，本当におもしろいことは稀である。

（外山滋比古『第四人称』みすず書房）

＊従僕：召使い，しもべ

1．本人が，本人に近い人に，本当の姿を見せていないから
2．本人に近い人は，本人の悪い部分にばかり目がいくから
3．本人に近い人は，自分の書いた伝記が残らないと思うから
4．本人に近い人は，本人のことをわざと謙遜して書くから

このページには問題はありません。
次のページに進んでください。

XI　次の文章を読んで後の問いに答えなさい。

ところで，世界を説明する中心的な価値，それにもとづく統一的知識の体系が崩れたとき，人文学にとってそれでもなおできることは何なのだろう。考えたとき思いだされるのは，人間が現実とたんに対峙して生きるだけでなく，それと親しんで生きたいという根強い衝動を持っていることである。世界を疎遠で冷たい存在としてでなく，容貌と表情のある，なじみ深い存在として見たいという願望である。ただの対象としての世界ではなく，自分がその一部として生き，それによって意味づけられる世界を見たいという願望である。世界を理性で分析するのではなく，心のすべてで納得したいという要求だといってもよい。…（略）…

現実を心で納得し，世界との親交を少しずつ広げていくのが現代の人文学の仕事であるが，そんなことをして何の役に立つかという問いに答える言葉はない。それはあたかも利益にならない隣人を理解し，それと親しんで何の役に立つかという問いと同じだからである。ただたとえば，一人の日本人が日本文化を一つの生命体として了解し，自分がその一部であることを実感として納得したとき，それはやはり人生の幸福ではないかと答えておきたい。…（略）… 教養を持つとはそういう幸福を知ることであり，教養人とはそれによって虚無主義を免れ，世界にたいして親和的に生きられる人だと言いたい。

（山崎正和『歴史の真実と政治の正義』中央公論新社）

問１　下線部「人文学にとってそれでもなおできること」とは何ですか。 **11**

1．世界との親交を広げ深めること
2．現実と対峙する武器になること
3．世界を理性で分析すること
4．現実に親しみたいという衝動を抑えること

問２　筆者はどういう人を幸福だと考えていますか。 **12**

1．人文学を学んで知識が豊富な人
2．自分は文化の担い手であるという自負がある人
3．自分は世界の一部だと心で納得している人
4．虚無的にならず積極的に社会貢献できる人

XII　次の文章を読んで後の問いに答えなさい。

私たちは活字を読むときに，当たり前のように黙読する。つまり声にださずに読むわけである。このことを私たちは少しも不自然だと思わないし，それが当たり前のように思ってきた。

しかし，いつごろから人間は，活字や本を声にださずに黙読するようになったのだろうか。考えてみると，それは人間の表現の歴史のなかで，ごく短い，束《つか》の間《ま》の悪《あ》しき習慣のように思われないでもない。

名前を忘れたが，フランスの中世の神学者が日記の中で，こういうことを書いていたそうだ。蔵書家で知られる彼の書斎に，甥っ子が無断ではいりこみ，本を読んでいたらしい。そのことを彼はこう日記に書いたという。

「なんと彼は，声にださずに本を読んでいた」

まるで奇っ怪な悪魔でも見たかのように，その神学者は衝撃を受けたのだった。たまたま書斎にはいって，甥の行為を目撃したときのこの彼の驚きぶりを，私たちは，なにか不思議な感じで受け取ってしまうが，それは私たちが黙読を当たり前のこととして考えているからだ。

その甥っ子は勝手に書斎にはいりこんで，おじの蔵書を読むことに，うしろめたさを感じていたのだろうか。だからこそ彼は声にださずに本を読んでいたのである。しかし，神学者がそれほどの驚きをもって黙読という行為を記録したということは，かつて人びとは本を読むに際して，声に出して読むのを当然のように思っていたことを示す。黙読とは，当時の知識人たちにとっては（　A　）だったのかもしれない。

（五木寛之『退屈のすすめ』KADOKAWA）

問１　（　Ａ　）に入るものはどれですか。　**13**

1．悪魔のごとき不自然な行為
2．知性の足りない愚かな行為
3．拷問のごとき退屈な行為
4．理解を超えた神聖な行為

問２　活字を読むことについて，この文章と合っているものはどれですか。　**14**

1．現在でも音読が主流である。
2．黙読の文化は廃れていった。
3．過去には黙読は珍しかった。
4．日記は過去にも黙読されていた。

XIII　次の文章を読んで後の問いに答えなさい。

不確実性の社会における意志決定では，科学的合理性は当然よりどころですし，評価損益も考えます。しかし，それに何かもう一つ，それらだけでは意志決定できないというアルファの部分。それは，「常識」ではないか，という考え方があります。

歴史的にみれば，これほど科学や技術が発達していなかった近代以前までは，専門家はせいぜい政治家と宗教者で，科学的合理性の専門家などいませんでした。そのような社会の意志決定に活用される知識は「常識」であったわけです。

ところが，二十世紀以降の社会で，科学・技術が発達し，実装化された結果，もっとも重要なものとして「科学的予測」というものが登場してきます。それによって，一時的に常識は排除されて，科学的な予測，合理的な予測，決定論的な予測だけが，意志決定の根拠になるという事態が生まれてきました。そのことが結果的に何を意味したかというと，テクノクラシズムとでもいうべき専門家支配です。

とくに科学の専門家というのは，社会的な事象に対して判断を下すという要求をされたことがなかったにもかかわらず，そこへ引っぱり出されてきました。そして，専門家の判断こそが正しく最終的な判断であるという認識になっていく。これは政治判断のなかに，いわば建前として取り込まれたという面もありますが，実態としてもそういうことになりました。

それが，不確実性の時代になり，また人間というもっとも不確定な要素をかかえた社会の問題に，専門家だけでは太刀打ちできなくなってきたのです。

（村上陽一郎『人間にとって科学とは何か』新潮社）

問１　この文章の中で，筆者は，意志決定に必要な根拠の変遷をどのように考えていますか。 **15**

1．常識 → 科学的予測 → 常識と科学的予測
2．科学的予測 → 常識 → 科学的予測
3．科学的予測 → 常識 → 常識と科学的予想
4．常識 → 常識と科学的予測 → 科学的予測

問２　下線部「そういうこと」とは，どういうことですか。 **16**

1．不確実性の時代になったということ
2．専門家の判断こそが正しいと認識されること
3．政治的判断は科学的判断に勝るということ
4．科学でも解決できない問題が生じているということ

XIV　次の文章を読んで後の問いに答えなさい。

犯罪心理学というものがもつ難しさの一つに，対象の多様性と異質性がある。「犯罪」という概念はもともと社会的・法律的なものであって，心理学的に定義されたものではない。これが，たとえば知覚心理学や発達心理学や異常心理学と，犯罪心理学とが違うところである。

われわれの文明国では，一定の法律や規則で「罪」と規定されている行為がある。これが定義の上では「犯罪」なのであるが，この犯罪の概念が，われわれが心の中に抱く「悪」や「罪」のイメージと一致しないこともある。たとえば，自転車を運転していてスピードを出しすぎたり，誤って他人や物を傷つけたりする事故は，今日ではだれしもぜったい犯さないという保証がない。しかし，これは法律的には立派な犯罪である。また，政治的な信念からデモに参加したところ，たまたまその集団行動が法に違反しているとして逮捕された場合には，法律上の「罪」の概念と，行為者の主観的な「正義」の観念とは完全に対立することになるだろう。しかしこのような人びとも，定義上は立派な犯罪者である。

泥棒を一生の職業としているような「犯罪者」や，殺人や強姦の反復をなんとも思わない「凶悪累犯」と彼らをいっしょに「犯罪者」という名前でくくって研究対象としなければならないのが犯罪心理学である。

（福島章『犯罪心理学入門』中央公論社）

問1　下線部「彼ら」を示すものとして，最も適当なものはどれですか。 **17**

1．不注意や自らの「正義」のために法律を犯した人物
2．「悪」のイメージと一致する，「罪」を犯した人物
3．自分の「罪」を「正義」だと言い張り正当化する人物
4．法律に違反したことのない，「犯罪」とは程遠い人物

問2　犯罪心理学について，筆者の考えと合っているものはどれですか。 **18**

1．犯罪心理学は，実際には社会的な学問であり人間本来の心理は考慮しない。
2．犯罪心理学の研究対象は，法律を違反していない人も含めた広い範囲である。
3．犯罪心理学は，犯罪者が次第に凶悪化していく過程を研究する学問である。
4．犯罪心理学の難しさは，研究対象とする人たちの複雑さに由来している。

XV　次の文章を読んで後の問いに答えなさい。

私は予備校で小論文の添削《てんさく》をやっていました。ですから試験で必ず落とされるだろうダメな小論文から，どんな試験でも突破《とっぱ》できるハイレベルのものまで，たくさん見てきました。

その経験からいうと，まず最低レベルのまったくダメな小論文とは，自分勝手に書いていて何を言っているかがわからないものです。読んでいても意味不明で，文章も日本語になっていないというものが一番ダメなレベルです。そういう小論文やエントリーシートを書く人は，入試も就職試験も突破できません。

その次にダメなレベルは，言っていることがあまりにも平凡《へいぼん》で，結論がすぐに見えてしまうものです。このレベルの人たちも落とされる可能性が大です。

そして三番目にダメなレベルは，独自の視点があるものの，（　A　）的に破綻《はたん》しているものです。要するに*奇をてらいすぎていたり，面白《おもしろ》さをねらうあまり，肝心の問題文や課題文の読み込みが足りずに，要求されたものに答えていないというケースです。それでも，支離滅裂《しりめつれつ》なものや結論が見えている平凡なものに比べれば，頑張《がんば》って（　B　）を出そうとしている分だけましと言えます。

それよりさらに上のレベルのものが，ようやく採点の対象になってきます。試験で言えば，採点官や人事担当者から「読んでもらえる」レベルのものといえます。それは課題文の要約や言いたいことが，きちんと盛《も》り込《こ》まれているものです。

（齋藤孝『読み上手 書き上手』筑摩書房）

＊奇をてらう：注意を引くために，わざと普通と違ったことをすること

問１　（　Ａ　），（　Ｂ　）に入るものの組み合わせとして，最も適当なものはどれですか。

19

1．Ａ：感情　　Ｂ：オリジナリティ

2．Ａ：道徳　　Ｂ：パーソナリティ

3．Ａ：常識　　Ｂ：パーソナリティ

4．Ａ：論理　　Ｂ：オリジナリティ

問２　筆者の考えとして，最も適当なものはどれですか。 **20**

1．面白さを求めるより，結論を予想できる小論文のほうがはるかに良い。

2．最低レベルの小論文とは，文章自体はうまくても，独自の視点がないものだ。

3．面白さを優先した論文は，独自性は出せても，内容が破綻する危険がある。

4．課題文の要約を盛り込むと，採点官に書き手の独自性が伝わらなくなる。

XVI　次の文章を読んで後の問いに答えなさい。

親戚づき合いも減り，町内会長や近所のご意見番といった，役割の明確な大人も身のまわりから姿を消しつつある。親でさえ，“友だち親子”と言われるように自分とほとんど地続きの人間になってしまった。

精神医学者の中でも，これを「世代間境界の喪失」と呼んで問題視する動きがある。「だれでも友だち」という人間関係は，一見，風通しがよいものに見える。しかし，実は若者たちはその中で，自分をうまく位置づけることができず，いつまでも自分が何者かを定められずにいるのではないか，というのだ。もちろん，「親だから」「町内会長だから」と意味もなく権威を振りかざされるのは，(1)絶対にイヤだ。ただ，だからといって自分を指導しお手本を見せてくれるべき人が，いつも自分と同じ目線の高さにしかいてくれない，というのも若者にとってはまた困ることなのだ。

そういう意味で関係がはっきりしている先生というのは，若者にとってはとてもわかりやすく安心できる存在なのだろう。私の知人の大学教員が，学生に「キミたちも大人なんだから，私のことを先生と呼ばずに○○さんと呼びなさい」と言ったが，一向に「先生」をやめてくれない，と話してくれたことがあった。彼らとしては，せっかく手に入れた(2)「先生」という特殊な関係をそう簡単には手放したくないのかもしれない。

（香山リカ『若者の法則』岩波書店）

問1　下線部(1)「絶対にイヤだ」と思っているのは，誰ですか。 **21**

1．先生
2．精神医学者
3．若者
4．親と町内会長

問2　下線部(2)「『先生』という特殊な関係」とありますが，ここでの「先生」は，若者にとってどういう存在なのですか。 **22**

1．明瞭な役割を持った，目上の人
2．若者と同じ目線でいてくれる人
3．若者のことを理解してくれる人
4．意味もなく権威を振りかざす人

XVII　次の文章を読んで後の問いに答えなさい。

植物の果実は，食べられることによって，哺乳《ほにゅう》動物や鳥のお腹を通った種子が遠くにばらまかれる。そのため，盲腸で引っかかるようでは困るのだ。

スイカの種子は，胃や腸でも消化されないように，硬いガラス質で覆《おお》われている。もちろん，複雑に入り組んだ腸も難なくすり抜けるような形になっているのだ。間違ってスイカの種子を食べてしまっても，スイカは胃腸を通り抜け，無事に脱出してくる。それだけではない。スイカの種子はゆっくり時間をかけて胃腸を通り，できるだけ排出されないようにしているという。そうすることで，少しでも遠くまで運ばれようとしているのである。

スイカは，もともと砂漠地帯の植物である。英語でウォーターメロンというように，スイカは水分を豊富に含んでいる。その九〇パーセントは水分からできているほどだ。そのため，原産地のアフリカでは貴重な水分の補給源として，水がめの代わりに利用されている。

キュウリやメロンなど同じウリ科の野菜は，丸く広い葉っぱだが，スイカの葉っぱは，複雑に切れ込んだ形をしている。葉が大きいと，そこから水分が蒸発して萎《しお》れてしまう。そこで，葉のすみずみまで水分を行きわたらせ，潤いを保つために，葉脈《ようみゃく》の部分だけ葉をつけているのである。また，スイカの実は，短期間で大きく育つが，これも雨が降る季節が短いことに対応している。こうしてスイカは，砂漠地帯に生きるための工夫を持っているのである。

そんなに厳しい乾燥条件で，スイカは水分たっぷりの甘い実をならせるのである。この苦労は相当のものだろう。スイカもまた他の果実と同じように，鳥に食べさせて種子を運ばせるために，砂漠の中で魅力的な実を実らせるのである。

スイカの独特の縞《しま》模様も，もともとは鳥に見つかりやすいように発達したと考えられている。

果実は，鮮やかに赤や黄色に色づいて，鳥を呼び寄せる。スイカも収穫を遅れて熟してくると黄色くなってくる。黄色と黒色の縞模様は工事現場や踏切と同じように，目立ちやすい色の組み合わせだ。また，スイカは中が赤い。実が割れれば，鳥たちにより目立ちやすくなることだろう。

（稲垣栄洋『スイカのタネはなぜ散らばっているのか』草思社）

問1　スイカの砂漠地帯に適応した発達の例として，最も適当なものはどれですか。 **23**

1．種子が動物の腸を通り抜けやすい形をしている。
2．種子が硬いガラス質でおおわれている。
3．実が短い期間で急速に成長することができる。
4．果実の表面の模様も実の色も目立ちやすい。

問2　スイカの果実が水分を豊富に含む理由として，最も適当なものを答えなさい。 **24**

1．人間に水がめの代わりとして使ってもらうため
2．水分を求める動物に食べられることで，種子を運んでもらうため
3．葉ではなく，果実に水分を溜めて乾燥した状態に耐えるため
4．水分の多い地域に育ち，多くの水分を吸収するため

問3　この文章の内容と合っているものはどれですか。 **25**

1．原産地では，スイカは貴重な栄養源であり，非常食として食べられる。
2．スイカは広くて丸い葉を持つことで，厳しい環境に対応している。
3．スイカの種子には，動物の腸を早く通り抜けるための工夫がある。
4．スイカの模様や色は，鳥との関係によって発達したものと考えられる。

第２回の問題はこれで終わりです。
解答・解説はp.318を参照してください。

第3回

実戦問題

解答時間 70分

正解と得点分布図確認

QRコードを読み取ってオンライン解答用紙に解答を記入し、正解と得点分布を確認してください。

記述問題

説明

記述問題は，二つのテーマのうち，どちらか一つを選んで，記述の解答用紙に書いてください。

解答用紙のテーマの番号を○で囲んでください。

文章は横書きで書いてください。

解答用紙の裏（何も印刷されていない面）には，何も書かないでください。

記述問題

以下の二つのテーマのうち，どちらか一つを選んで 400～500字程度で書いてください（句読点を含む）。

１．

最近，グローバル化が進み，いろいろな国の人々が同じ会社で働く機会《きかい》が増えています。いろいろな国の人々が同じ会社で働くことには良い面もありますが，問題が生じることもあるようです。

いろいろな国の人々が同じ会社で働くときに生じる問題について，説明しなさい。

そして，その問題にどのように対応《たいおう》すればよいと思うか，あなたの考えを具体的に述べなさい。

２．

最近，インターネットを使う子供が増えています。子供がインターネットを使うことには良い面もありますが，問題が生じることもあるようです。

インターネットが子供に与える問題について，説明しなさい。

そして，その問題にどのように対応《たいおう》すればよいと思うか，あなたの考えを具体的に述べなさい。

読解問題

説明

読解問題は，問題冊子に書かれていることを読んで答えてください。

選択肢１，２，３，４の中から答えを一つだけ選び，読解の解答欄にマークしてください。

I　この文章で筆者は，雑草についてどのように述べていますか。　**1**

植物は，太陽の光と水と土さえあれば生きられると言われるが，その光と水と土を奪い合って，激しい争いが繰り広げられているのである。

雑草と呼ばれる植物は，この競争に弱いのである。

どこにでも生えるように見える雑草だが，じつは多くの植物が生える森の中には生えることができない。豊かな森の環境は，植物が生存するのには適した場所である。しかし同時に，そこは激しい競争の場でもある。そのため，競争に弱い雑草は深い森の中に生えることができないのである。

雑草は弱い植物である。競争を挑んだところで，強い植物に勝つことはできない。そこで，雑草は強い植物が力を発揮することができないような場所を選んで生えているのである。

それが，道ばたや畑のような人間がいる特殊な場所なのだ。

森の中にも雑草が生えているのを見たことがある，という意見もあるかもしれないが，それはハイキングコースやキャンプ場など，人間が管理をしている場所である。

（稲垣栄洋『雑草はなぜそこに生えているのか』筑摩書房）

1．雑草は深い森の中にも多く生えている。

2．雑草は競争相手がいない環境を選んでいる。

3．雑草の最大の敵は，植物ではなく人間である。

4．雑草には過酷な競争にも勝てる強さがある。

II　次のシンポジウムに関する案内内容と合っているものはどれですか。　**2**

第4回シンポジウム：データ科学の使い方

来たる10月23日，西京大学ではシンポジウムを開催します。今回のシンポジウムは，データ科学センターのセンター長である高田氏を迎え，ビックデータに関する取り組みについて講演を行います。また，本学の目白教授，久保准教授による講演も行います。

皆様のご来場をお待ちしております。

概要

日時　10月23日(火) 14:30～17:30
場所　西京大学 総合教育講堂
定員　200名（先着順）
言語　日本語

プログラム

1．開会挨拶
2．講演
3．休憩（15分）
4．講演
5．閉会挨拶

申込について

締切：20XX年10月22日(月) 12:00　下記Webサイトよりお申し込みください。
https://saikyou.XXX

主催・お問い合わせ先

西京大学　総合教育センター事務所
TEL：03-XXXX-9164　　Email：datacenter@XXX.com

1．参加希望者が定員を超えた場合は抽選になる。

2．シンポジウムで講演を行う人は3人である。

3．申し込みは，電話とメールで受け付けている。

4．シンポジウムでは総合的な教育について討論される。

III　子どもと母親が考える「頭を使う」の意味の組み合わせとして，最も適当なものはどれですか。 **3**

この間，テレビをみていて思わず大笑いをしました。一般の人が家庭用のビデオで撮った作品のグランプリを選ぶという番組でしたが，なまじっかトレンディードラマといわれるものに比べると，こちらのほうが絶対，テレビとしてはおもしろい。

もともと，テレビの機能の中には，記録性《ドキュメンタリー》というものが大きな柱としてあり，考えてみると，窓の外に木の葉が風に揺れているというシーンだけでもじっと眺めていると何ともいえないおもしろさがあるものです。しかも，何万本というたくさんの応募の中から予選を通過してきた優れた作品だけに，たくまざるユーモアというものが画面にあふれていて，思わず笑いを抑えることができませんでした。その中でもすごくおかしかったのは，二歳か三歳くらいのお子さんが，自分の大好きな絵本を本棚から取り出そうと苦労している。画面の外から，

「ほら，ちゃんと頭を使いなさい。もっと頭を使うのよ」

と，お母さんの声がかかる。すると，その坊やは一瞬きょとんとして，それからさかんにその本棚に頭をこすりつけはじめるのです。

（五木寛之『生きるヒント』角川書店）

1．子ども：頭で本を取り出す　　母親：頭で本を取り出す
2．子ども：頭で本を取り出す　　母親：方法を工夫する
3．子ども：方法を工夫する　　母親：頭で本を取り出す
4．子ども：方法を工夫する　　母親：方法を工夫する

IV　下線部「時間と認識のずれ」とはどういうことですか。　**4**

孤独がかならずわれわれを訪ねてくるのは，われわれ人間存在の旅人的な性格にも関係がある。…（略）…われわれの心は旅を続け，内面的な旅のなかで絶えず変化しつづける。またたとえ自分の意志が変わっていなくても，それが表現され，活かされる状況というものは，画一的に同一ではない。

変化に気づいた時，われわれはその時間をすでにうしろに見ているのである。気がつき，意識しはじめたときはすでに遅く，時間はもう過ぎ去ってしまっている。どういうわけか，人間にはいま自分の接しているものの本当の姿はわからず，われわれが気づいたとき，時間はいつもわれわれに背を向けている。時間はわれわれにひとあし遅れて真実を告げるのである。時間と認識とのずれ――これが孤独の原因なのである。

（小原信『孤独と連帯』中央公論社）

1．時間が過ぎてしまってからしか，人は時間を認識できないということ

2．時間が貴重なものであることを，人は認識できないということ

3．時間は，人が認識することではじめて意味をもつものだということ

4．時間は，状況だけでなく人の意志まで変えてしまうものだということ

V　次の文章で，筆者は，アサガオの成長が早いのはどうしてだと考えていますか。 **5**

アサガオは，つるを伸ばし，ぐんぐんと伸びていく。夏休みの間に二階に届くくらいまで伸びることも珍しくない。

植物にとって，高く伸びることはとても大切なことである。高く伸びれば，他の植物よりも有利に光を浴びて光合成をすることができるのである。他の植物に先を越されて，日蔭になってしまえば，光合成ができないからますます成長に差が出てしまう。そのため，植物は，少しでも高く伸びようとしのぎを削っているのである。ひと夏のうちに，二階に届くまで伸びるアサガオの成長は，相当早い。その早さの秘密は，アサガオがつるで伸びる植物であることにある。

ふつうの植物は，自分の茎で立たなければならないので，茎を頑強にしながら成長していく。ところが，つるで伸びる植物は，体の大きな他の植物に頼りながら伸びていけば自分の力で立たなくていい。茎を頑強にする必要もないので，その分の成長エネルギーを伸長成長に使うことができるのである。

（稲垣栄洋『弱者の戦略』新潮社）

1．茎を頑強にしてからつるを伸ばして成長するため
2．成長エネルギーが他の植物より多いため
3．光合成のしやすい夏に成長するため
4．成長エネルギーを茎に費やす必要が少ないため

VI　下線部「敵の効用」とはどういうことですか。　**6**

世の中を敵と味方の二つに分けるのは粗雑な考え方である。敵はにくいもの，われに害を与えるものなりときめて，敵の効用ともいうべきものに思い至らないのは未熟である。たくさん敵があれば，それはむしろ天の恵みだと考えて感謝するくらいにならないと豊かな人生を送ったと言えないだろう。若いうちは，ことに強敵，大敵が必要で，それに負けない意志と努力があれば，人生はそれだけ大きなものになる。夢にも敵がなければよい，などと考えないことだ。無敵を願うのは弱い心である。

ＸとＹという雑誌はライバル関係にあると思われていたが，もともとＹ誌は強力なＸ誌の勢いをそぐための敵対誌であった。Ｘ誌が勢いを失った。Ｙ誌にとってチャンスのはずである。どんどん読者がふえるかと思われていると，大方の予想に反して廃刊になってしまった。Ｙ誌は敵のＸ誌によって力を出していたのである。

無敵はまさに大敵である。

（外山滋比古『「マイナス」のプラス』講談社）

1．敵は味方になる可能性を秘めているということ
2．敵に負けまいという気持ちが力を生むということ
3．敵がいないことが最も望ましいということ
4．敵は，天の恵みを奪っていくということ

VII　次の文章で，筆者は日本人の美意識についてどのように述べていますか。　**7**

かつての名所絵がそうであったように，今日でも人々は，旅をするとその記念や土産ものとして，土地の観光絵葉書を買い求める。パリやローマに行くと，土産物屋の店先にさまざまの絵葉書が並んでいるが，そのほとんどは，ノートルダム大聖堂とか，凱旋門とか，エッフェル塔など，代表的なモニュメントをそのまま捉えたものである。だが日本の観光絵葉書を見てみると，満開の桜の下の清水寺とか，雪に覆われた金閣寺など，季節の粧いをこらしたものが圧倒的に多い。もちろん，清水寺も金閣寺も，それ自体見事な建築だが，観光写真はそこに自然の変化を組み合わせることを好むのである。それもまた，「状況の美」を愛する日本人の美意識の表われであろうか。

（高階秀爾『日本人にとって美しさとは何か』筑摩書房）

1．周りの景色の変化と，建築物の組み合わせを好む。
2．建築物そのものよりも，周りの自然のほうに価値を置く。
3．建築物自体ではなく，建築物の持つ歴史性に価値を見出す。
4．変わりの景色とは切り離して，建築物そのものを評価している。

VIII　次の文章で，筆者の考えと合っているものはどれですか。　**8**

あまりにも当たり前なことかもしれないが，考えることは，言葉で行う行為だ。一人で考え事をしているときも，言葉で基本的には考えている。言葉の種類が少なければ，自然と思考は粗雑にならざるを得ない。考えるということを支えているのは，言葉の豊富さである。

話し言葉の種類は限られている。日常を過ごすだけならそれほど難しい言葉は必要ない。しかし，その日常の話し言葉だけで思考しようとすれば，どうしても思考自体が単純になってしまう。表現する言葉が単純であれば，思考の内容も単純になっていってしまう。逆にいろいろな言葉を知っていることによって，感情や思考自体が複雑で緻密なものになっていく。これが書き言葉の効用である。書き言葉には，話し言葉にはないヴァリエーションがある。

（齋藤孝『読書力』岩波書店）

1．思考の複雑さは言葉の複雑さに比例する。
2．話し言葉だけでも精密な思考はできる。
3．書き言葉は感情を伝達するのには向かない。
4．一人で考えている時は言葉の影響を受けない。

IX　次の文章は，雑誌の販売について述べた文章です。筆者が最も言いたいことはどれですか。 **9**

もともとは買い切り制度が中心だったのですが，マーケティングの手段が少なく宣伝広告費もあまりない中小の出版社が，本屋さんになんとか本を売ってもらうために「売れなければ返本してもいいですから」と委託扱いでお願いするようになったのが始まりだったと言われています。

最初に全国規模で委託扱いを行ったのは実業之日本社で，一九〇九年に女性向けの大衆雑誌『婦人世界』を「売れ残りは返品自由です」と打ち出して二〇万部を発行しました。

それまで女性誌というとせいぜい一万部程度しか出ないというのが常識で，しかもすべて買い切りだったところにこの思い切った戦略で切り込んだのです。そして『婦人世界』のこの号はほぼ完売となり，大成功を収めたのでした。

実業之日本社はこれに気をよくして他の雑誌も次々に委託扱いに変えていき，一九一四年には「すべての雑誌は返品自由です」と書店に対して宣言しました。

これによって雑誌の大量生産・大量販売の道が開かれたのです。

（佐々木俊尚『電子書籍の衝撃』ディスカヴァー・トゥエンティワン）

1．過去の出版業界では，中小出版社はマーケティングができず苦戦していた。

2．女性用の雑誌が大量に売れるようになったのは一九〇〇年以降のことである。

3．以前とは異なる委託という手段によって雑誌の大量販売が導かれた。

4．全国規模の委託扱い販売を行った実業之日本社は優秀な企業である。

X　下線部「実に大したものである」とありますが，筆者は何を「大したもの」だと言っていますか。 **10**

方言の違いが非常に激しいにもかかわらず，日本はどこへ行っても共通語が通じる。私は方言を研究してはいるが，実際農村や漁村で使われている言葉は，聞いてもわからないものが多い。ところがその土地の人はよその地方から来た人だと思えば，共通語で話してくださる。しかし東京の人間にはこういう真似はできない。東京の言葉が共通語だと思っているから，ほかの地方の言葉を使おうとはしない。…（略）… しかし東京以外の地方はすべて自分の方言と共通語と，両方使い分けている。これは実に大したものである。

日本では，共通語と方言の違いが相当激しい。これがヨーロッパあたりへ行くと，スペイン語とポルトガル語の違いは，青森県の言葉と福島県の言葉ぐらいの違いしかない。それでもれっきとした二つの国語である。ちょっと聞くとスペイン語とポルトガル語が話せるなんていうのは，何か非常に偉いような気がする。しかし本当は，青森県の言葉と共通語が話せるということは，もっと違った言葉を使い分けることができることなのである。よく日本人は語学が下手だと言われるが，これは大間違いで，日本人の方が語学の天才かもしれない。

（金田一春彦『日本語を反省してみませんか』角川書店）

1．日本では，農村や漁村に行けば，今でも方言が使われていること
2．地方の人は，共通語を話せても，決して偉ぶらず謙虚でいること
3．地方の人は，共通語と方言を場面によって切り替えていること
4．東京の人は，標準語に対して強いこだわりや自負を持っていること

このページには問題はありません。
次のページに進んでください。

XI　次の文章を読んで後の問いに答えなさい。

*司馬さんが第二次大戦後，日本を代表する歴史文学者として歴史を描いたことは紛れもない事実である。そしてそれはなぜなのかと考えるとき，たぶん司馬文学のほんとうの魅力が浮かびあがるのではないだろうか。じつは歴史というものは，そこからさまざまな虚妄のスローガン，人工的な意味付けを抜いて眺めると，これほど儚《はかな》く，それゆえに面白く，つまり人間的なものはほかにない。司馬さんが生涯にわたって嫌ったものは歴史主義であって，本来の意味での歴史そのものではなかった。カール・ポパーが言うような，煽情的な歴史思想を司馬さんは拒否し続けたのであり，その無言の表明として「裸の歴史」を眺め続けたのだといえるかもしれない。

歴史にありもしない目的を与え，その観点から個人に善悪のレッテルを貼り，一つの時代への参加を呼びかけ，しかももっとも残酷なかたちで参加した者を罰するのが，歴史主義である。そして日本の戦後は，戦前に劣らぬほど，政治的な歴史的使命感が社会を支配した時代であった。司馬さんはこの圧倒的な暴力と戦うために，あえて火中の栗をひろって，意味や目的や使命感抜きに歴史を見ようとしたのであった。

（山崎正和『歴史の真実と政治の正義』中央公論新社）

＊司馬さん：司馬遼太郎。日本の歴史小説家

問１　筆者は歴史文学者である「司馬さん」が「歴史主義」を嫌ったのはなぜだと考えていますか。 **11**

1．意味や目的や使命感に欠けているから
2．善悪を決めることができないから
3．歴史に目的を与え，個人に善悪をつけるから
4．歴史上の人物を罰することを目的にしているから

問２　下線部「裸の歴史」とはどのような歴史ですか。 **12**

1．虚妄や人工的な意味づけのない歴史
2．戦後の日本の指針となる歴史
3．残酷な暴力に満ちた歴史
4．生きる意味や目的に注目した歴史

XII　次の文章を読んで後の問いに答えなさい。

あらためて自分の体をじっくりと眺めてみると，この体に依存している〈自己〉というものの姿が，なんとも卑小に，わびしげに見えてくる。これは人間にとって，いい薬だ。傲慢などというとんでもない考えが心の中から追い払われて，地球という大きな生命体に寄生して生きている，わびしげな人間族という姿が見えてくる。

しかし，私たちは，このなんとも貧弱な肉体，たちまちのうちに老い衰えてゆく肉体とつきあって，ながく共生しなければならない。どのように資産を形成しようと，大きな権力を握ろうと，優れた知性を身につけようと，私たちは生涯，この貧弱な肉体と共に生きるのだ。

そう思うと，鏡に映った見苦しい自分の姿が，無二の友のように思われてくるから不思議である。自己の体と仲良く，いい関係をつくることが人生にとってたぶん最大のテーマだろう。私はそういうふうに若いころから考えてきた。そして，とりあえずこの体と共に生きる，という考えかたを大事にしてきた。

私たちは，とかく自己の肉体を無視しがちである。その体の奥から発する内なる声を聞く耳を持たない。体は常に私たちに語りかけ，訴えかけ，叫んでいる。にもかかわらず私たちが，その声を無視し，それに逆らうことで健康が損なわれ，肉体の反乱が起きるのだ。

（五木寛之『退屈のすすめ』KADOKAWA）

問１　筆者が，下線部「このなんとも貧弱な肉体」と述べた理由として，最も適当なものはどれですか。 13

1．知性や尊厳に比べて，体は価値が低いから
2．人間の体は，他の動物の体より小さく弱いから
3．知能は発達したのに，体は未発達のままだから
4．体は地球に寄生している小さな存在にすぎないから

問２　筆者によれば，健康が損なわれる理由として最も適当なものはどれですか。 14

1．地球の生命力自体が低下しているから
2．長く自己の体と共生しているから
3．体から発せられる声に無関心だから
4．知性のために身を削る努力をするから

XIII　次の文章を読んで後の問いに答えなさい。

夕方帰ってみると，庭の木に放していたコガネグモはどこにも見当たらない。朝張っていた巣はまぼろしか？　と一瞬思った。逃げたのかもしれないと，近くを探しまわった。この種のクモは一日のうちに大幅に移動することはない。ところが，信じられないことが起こっていたのである。少し離れたコンクリートの上に，なにやら小さくて細くて黒いものが多数散乱しているではないか。目を大きく開いて眺めると，それはクモの脚のようであった。脚の数はかなりの数にのぼり，放したクモの数とくらべてもつじつまがあう。しかし，そのときは，なにが起こったのか分からなかった。

巣を張ったクモからは糸が比較的採取しやすいことから，再び網籠に残していたコガネグモの一部を取りだし，植木に放した。翌日帰ってみると，放したクモはまたもや，どこにも見当たらなかった。本来，巣を張るクモがいなくなるとは，どういうことだろう。

その数日後の土曜日に，網籠に残っていたコガネグモを少し小さい木に放し，なぜこのようになったのかを調べることにした。翌日の日曜日に隠れて見張っていると，庭のカシの木にヤマドリがとまって，クモの巣をめがけて頻繁に飛んでいた。

こうして，ヤマドリがクモを食べた犯人であると判明するのに一週間もかかった。多分，コガネグモを捕えて，コンクリートの上に打ちつけて，脚を残して腹を食べたのであろう。コガネグモは*宝塚では見なれぬ獲物で，良質のタンパク質に富んでいるために，よほどおいしかったのに違いない。

（大﨑茂芳『クモの糸のミステリー』中央公論新社）

＊宝塚：地名。兵庫県宝塚市

問1　下線部「網籠に残っていたコガネグモを少し小さい木に放し」たのはなぜですか。 15

1．コガネグモの糸を採取するため

2．コガネグモに巣を作らせるため

3．コガネグモが消えた理由を調べるため

4．コガネグモを自然界に逃がすため

問2　この文章の内容と合っているものはどれですか。 16

1．コガネグモは一日にかなりの距離を移動する。

2．ヤマドリはコガネグモを襲って食べていた。

3．コガネグモは自分でコンクリートの上まで登った。

4．コガネグモは仲間を食べる性質がある。

XIV　次の文章を読んで後の問いに答えなさい。

太陽から地球にとどいたエネルギーのうち，全部が地球の表面，つまり地面や海面までとどいて熱に変わるわけではありません。太陽からのエネルギーは，雲や積もった雪などに反射《はんしゃ》されてしまうものもあって，地面や海面にとどいて熱に変わるのは，太陽から地球にとどいたエネルギーの約半分になってしまいます。

そのうえ，地球の表面からは，夜でも昼でも，熱が逃《に》げていっています。これは，（　A　）のと同じ理由で，地球よりもずっと冷たいまわりの宇宙《うちゅう》空間に熱が逃《に》げていくのです。

ところで，空気の中には，水蒸気《すいじょうき》や二酸化炭素《にさんかたんそ》があります。これらのガスは，地球から逃《に》げていく熱をたくわえたり，その熱を地球にもどす役割《やくわり》をしています。地球にたくさんある窒素《ちっそ》や酸素《さんそ》は，こういう働きはしません。

このように，いまの地球の温度は，太陽からのエネルギーを受けている一方で，地球から逃《に》げだそうとする熱は水蒸気や二酸化炭素がコントロールする，こういった微妙《びみょう》なバランスのもとでなりたっているのです。

もし，二酸化炭素《にさんかたんそ》がなければ，地球の温度は，ずっと下がってしまいますから，いま悪者のようにいわれている二酸化炭素《にさんかたんそ》は，じつは，わたしたちが地球の上で生きていくためには，大切なものなのです。植物の光合成にも，二酸化炭素《にさんかたんそ》は必要です。でも，その二酸《にさん》化炭素《かたんそ》が，増《ふ》えすぎてこまったことになっている，というのがいまの地球がかかえる問題なのです。

（島村英紀『地球環境のしくみ』さ・え・ら・書房）

問1　（　A　）に入るものとして，最も適当なものはどれですか。　**17**

1．熱い湯を入れたやかんが冷えていく
2．火を使って鍋を温めて料理をする
3．氷を作るときに冷蔵庫に入れる
4．夏から冬にかけて寒くなっていく

問2　次の文章で，筆者が最も言いたいことはどれですか。　**18**

1．二酸化炭素は地球に必要なものであり，増加を問題視するのは短絡的である。
2．地球温暖化を食い止めるために，二酸化炭素の削減が急務である。
3．水蒸気や二酸化炭素の役割は，地球から熱を逃さないことである。
4．二酸化炭素は過剰になると問題だが，地球環境に不可欠なものでもある。

XV　次の文章を読んで後の問いに答えなさい。

高度消費社会の若者の中心的な人格，と精神科医たちが考えているものにボーダーライン人格と呼ばれているものがある。彼らは対人関係にしても自己イメージにしても，とにかく価値がひとつに定まらず，極端から極端のあいだをいつも激しく行き来している。まわりから見れば，上きげんになったり落ち込んだり，やさしくなったり腹を立てたり，と落ち着かないことこの上ないのだが，そういう彼らが必ず口にすることばが，「ああ，退屈だな。何かいいことないかな」。

外から「そんなに激しく揺れ動いていては退屈するヒマもないだろう」と見える姿と，本人が「何もない」と思う気持ちとの間には，大きなギャップがあるわけだ。そしてそういう彼らにとっては，その彼らなりの退屈をまぎらわせるために，どうやって「楽しいこと」を見つけるかは，ほとんど命がけの問題なのである。当然，その「楽しいこと」とは，単純にダラダラすることでも激動の対人関係を経験することでもない。苦労や努力をしてでも自分が心から満足し，不安定な自己評価を一定のものに落ち着かせてくれること，それが最も「楽しい」のだと思う。

そう考えれば，必死の練習でオリンピック出場権を得た若者が「楽しんできたい」と言うのも，理解できるはずだ。それは競技を娯楽としていいかげんにやりたい，という意味とは正反対，「これこそが自分なのだ」との実感を十分に味わい，思う存分，力を発揮したいということなのだろう。

（香山リカ『若者の法則』岩波書店）

問1　下線部「高度消費社会の若者の中心的な人格」を持つ人の特徴として，最も適当なものはどれですか。 **19**

1．何事においても，平均的なラインにいようとする。
2．激しく揺れ動いているため，退屈を感じる余裕もない。
3．感情の起伏が激しく，かつ常に何かを求めている。
4．一定の自己評価を持っており，それに沿って行動している。

問2　この文章において，「楽しいこと」とは，どのようなことですか。 **20**

1．困難を伴ってでも，本当に自分がやりがいを感じられること
2．苦労や努力をする必要がなく，制限なく自由にすることができること
3．激動の人間関係を通して，様々な経験を積むことができること
4．娯楽程度に行うだけで，世間から高い評価を得られること

XVI　次の文章を読んで後の問いに答えなさい。

日本の王朝物語には，夢がよく出てくる。物語によって，その頻度，重要性において異同はあるが，一般的に言って，夢が意味あるものとして取りあげられている。同時代の人々が夢を大切なものとして受けとめていたことを示している。

筆者は心理療法を行う上で，夢を非常に重要な素材として用いている。ここに，現代の深層心理学における夢理論を展開する意図はないが，端的に言えば，夢を，その夢を見た人の無意識の在り方を示すものとして受けとめるのである。夢は世界の多くの文化圏で，古代においては，神の声を伝えるものとして大切にされた。そのような傾向は，ある程度の紆余曲折を経ながらも長く続くが，西洋における啓蒙の時代の出現によって，一挙に逆転させられる。夢は荒唐無稽なものとして退けられ，夢に意味を見出すのなどは，まったくの迷信と考えられるようになった。

西洋近代の合理精神は科学・技術の発展に見られるような大きい成果をあげ，それは今世紀に頂点に達したかのように思われる。しかし，それと共に精神と肉体，理性と本能(などという考え方自体が問題とも言えるが)などの間に深い分裂が生じ，多くの心の病を生み出すようになった。あるいは，心身症などという，心のこととも体のこととも決めかねる病気が多く生じることになった。このような分裂を癒すためには，西洋近代に確立された自我，その意識の在り方をよく検討し，それを超える道を見出していくことが必要と考えられる。おそらく，次の世紀は，そのことが大きい課題となるであろう。

(河合隼雄『物語を生きる』小学館)

問1　西洋における啓蒙の時代が出現する前までは，夢はどのようなものであるとされてきましたか。 **21**

1．その夢を見た人の，無意識の在り方を示すもの
2．合理性が無く，意味を見出すことができないもの
3．何かしらの意味や，神の考えが反映されたもの
4．精神と肉体の間に分裂を生じさせ，心の病を生み出すもの

問2　筆者は，次の世紀の課題は何だと述べていますか。 **22**

1．精神と肉体，理性と本能という区分やそれらの関係性を見直すこと
2．夢の意味の再発見によって，深層心理学を発展させること
3．意識を科学的に研究し，心の病や心身症を治す薬を開発すること
4．西洋近代の合理精神を駆逐し，神の存在を認めること

XVII　物理学と天文学の関わりについて書かれた次の文章を読んで，後の問いに答えなさい。

こういうことがある。現代の宇宙論によれば，我々が生きるこの宇宙だけでなく，多数の（原理的には無限個の）宇宙の存在が予言されている。その各々には，異なった基本定数の物理法則が成立し，異なった構造が形成されているだろう。そのような宇宙の有りようを論じることは物理学に新しい風を吹き込むに違いない。（　A　），そのような作業こそが，この宇宙の絶妙な仕組みを真に理解することにつながるからだ。例えば，「なぜ，他の素粒子に比べて電子の質量は格段に小さいのか？」と問うとしよう。その答は，この宇宙に閉じた発想からは得られず，一歩この宇宙から足を踏み出して検証してみることが必要なのである。これに答を得たとき，この宇宙と共生する私たちの物理学を実感できるのではないだろうか。

しかし，現在の一般相対性理論の下では原理的に他の宇宙を認識することは不可能であり，別の宇宙などという架空を対象にすべきではないと言われるかもしれない。はたしてそうなのだろうか。普段においても，現実にはありえない簡単なモデルで新概念を摘出したりテストしているではないか。それは別の宇宙を仮想しているのと同じなのである。さらに，一般相対性理論の枠組みは確固として永遠に改変はありえないのだろうか。私たちは時空のつながりをすべて窮めつくしているわけではないのだ。

宇宙という実験室を獲得しつつある今，そこでどのような物理学を創り出すことができるか，それが旧来の物理学の進め方にどのような効果を及ぼすか，そしてその成果が人々の自然観にどのように跳ね返ってゆくか，をじっくり考えてみようと言いたいのである。転回を促すのは，ひとえに自然をより多様に捉える私たちの想像力なのではないだろうか。

逆に言えば，宇宙に関する情報が格段に多く得られるようになった現代，新しい観点からデータを見直す天文学へと脱皮しなければ，通常の解釈にのみ終始する学問になってしまうだろう。天文学は今，正念場にあると言える。

（池内了『転回期の科学を読む辞典』みすず書房）

問1　（　A　）に入るものとして，最も適当なものはどれですか。　**23**

1．なぜなら
2．しかしながら
3．いわば
4．言い換えれば

問2　下線部「それ」が指す内容として，最も適当なのはどれですか。　**24**

1．無数の宇宙があるという法則について深く理解すること
2．一般相対性理論によって現実の宇宙を完全に説明すること
3．宇宙空間に出てみて実際に新しい概念を証明すること
4．現実とは違う枠組みの中で考えたことを試してみること

問3　筆者の考えと最も近いものはどれですか。　**25**

1．天文学は通常の解釈を放棄して成長していくべきである。
2．我々は新たな物理学がたどる過程やその効果を考えていくべきである。
3．物理学は，人間の想像力ではなく事実の検証によって発展すべきである。
4．我々は，一般相対性理論の枠組みをもとに想像力を働かせるべきである。

第 3 回の問題はこれで終わりです。
解答・解説は p.322 を参照してください。

第4回

実戦問題

解答時間 70分

正解と得点分布図確認

QRコードを読み取ってオンライン解答用紙に解答を記入し、正解と得点分布を確認してください。

記述問題

説明

記述問題は，二つのテーマのうち，どちらか一つを選んで，記述の解答用紙に書いてください。

解答用紙のテーマの番号を○で囲んでください。

文章は横書きで書いてください。

解答用紙の裏（何も印刷されていない面）には，何も書かないでください。

記述問題

以下の二つのテーマのうち，どちらか一つを選んで 400～500字程度で書いてください(句読点を含む)。

1．

私たちは，仕事《しごと》を通じても人間関係《にんげんかんけい》を築いています。仕事の仲間《なかま》と休日などの私的《してき》な時間や場面でも会いたいと考える人もいれば，私的な時間や場面では会わないほうがよいと考える人もいます。

私たちは，仕事の仲間とどのように付《つ》き合っていけばよいと思いますか。上に挙げた考え方に触《ふ》れながら，あなたの考えを述べなさい。

2．

社会で生きていくためには，知識《ちしき》を身につける必要があります。メディアなどから得られる，多くの人が知っている知識のほうが重要だという考え方もあれば，大学などの教育機関《きょういくきかん》から学ぶ専門的《せんもんてき》な知識のほうが重要だという考え方もあります。

社会で生きていくためには，どのような知識が重要だと思いますか。上に挙げた考え方に触《ふ》れながら，あなたの考えを述べなさい。

読解問題

説明

読解問題は，問題冊子に書かれていることを読んで答えてください。

選択肢１，２，３，４の中から答えを一つだけ選び，読解の解答欄にマークしてください。

Ⅰ　次の文章の（　A　）と（　B　）に入るものとして，最も適当なものはどれですか。

1

　十八世紀のフランスの思想家ヴォルテールが，少しふざけた調子で次のようなことを書いています。すなわち，美というものがそもそもいかなるものかをまず蟇《ひきがえる》にたずねてみよう。すると，きっと，小さな頭から丸い眼が二つ飛び出し，大きな平たい口に，黄いろの腹に，茶色の背中を持っている雌の蟇のことだと答えるだろう。…（略）… さらに又，悪魔に向ってそれをきくと，一対の角と四本の爪と，一本の尻尾《しっぽ》だというだろう。このようなことをヴォルテールは言っています。これは結局，美というものが（　A　）なものではなくて，いつも（　B　）に考えられていることを指摘したのであります。つまり，その環境によって非常に左右されているということであります。

（串田孫一『ものの考え方』学術出版会）

1．A：普遍的　　B：抽象的
2．A：主観的　　B：客観的
3．A：絶対的　　B：相対的
4．A：現実的　　B：観念的

II　次の募集案内の内容と合っているものはどれですか。　**2**

「学生大使」募集のお知らせ

北中学校では，異文化理解促進のため異文化交流会を開催します。つきましては，交流会で自国の文化を生徒に紹介してくれる「学生大使」を募集します。

日　　時：６月11日（月）　13時～15時
内　　容：あなたの国の文化，生活，言葉などを自由に紹介してください。
応募条件：○○県内の大学・大学院に在学している留学生
　　　　　日本語で中学生との会話ができること
　　　　　当日12時半から中学校で行われる事前説明会にも参加できること
応募方法：あなたが紹介したい内容を，日本語か英語でＡ４サイズの紙１枚～２枚にまとめ，学生証のコピーとともに下記まで郵送してください。選考の上，結果を郵送で連絡します。（結果は５月29日に発送予定）
応募締切：５月25日（金）　必着
そ の 他：市の規定に従って，謝礼3000円を事前説明会終了時にお支払いします。
　　　　　交通費は出ませんのであらかじめご了承ください。

皆様のご応募をお待ちしております。

〒123－△△△△
○○県××市△△町４－５
××市立北中学校（担当）大杉
電話○○○○-66-7891

1．日本語か英語で日常会話ができる留学生であれば応募できる。
2．参加者は当日12時半には中学校に行っておく必要がある。
3．応募時には，紹介内容に加え学生証のコピーと履歴書が必要である。
4．交通費はないが，謝礼3000円は交流会終了後に直接渡してもらえる。

III　下線部「ことばの意味についての根本的認識」とはどういうことですか。　**3**

ことば，そして単語は，生きた文章の中においてそのつど，文脈的意味をもつ。それを集約して辞書的意味ができる。外国語の学習は，その順をひっくりかえして，化石的な辞書的意味を手がかりに，実際の文脈的意味をとらえようとするわけで，外国語の理解が容易でないのは，ことばの意味についての根本的認識が欠落しているからにほかならない。

しかも，すでにのべたように，国語においても，*パラグラフの感覚がはっきりしないままで，外国語において未知の意味を辞書によって知ろうという方法によらざるを得ないといういっそう高次の困難に**逢着する。…（略）…

それにしては，ことばは文脈の中で意味をもつということが充分理解されないできたのは奇異ですらある。ことばは単語の次元では，意味は決定しない。実際に用いられる前後関係の中でのみ意味を持つ。したがって，いくつかの文脈中でまったく同じ意味であることはあり得ないといってよい。

（外山滋比古『第四人称』みすず書房）

＊パラグラフ：段落

＊＊逢着：出会うこと，行きあたること

1．言葉は，辞書に書かれている意味が優先されるということ

2．言葉は，文章の流れの中で意味を特定されるということ

3．言葉は，パラグラフによって，意味があいまいになるということ

4．言葉は，高次の困難に出会うことによって意味を特定されるということ

IV　次の文章に続く A で述べられる内容として，最も適当なものはどれですか。

4

同僚のイギリス人と芝居のはなしをしていた。もう十数年も前のことである。いまイギリスで，悲劇と喜劇のどちらが多いだろうかときいたら，ちょっと待ってくれないか，といって，彼は立ち上った。

イギリスから来ている新聞をもってきて，数えてみようか，という。なるほどこれは実証的で感心した。広告のページに各劇場の出しものをのせている。多くは，喜劇か悲劇であるかを明示してある。観客がそれを求めるのだろう。

いくつあったか忘れたが，ずいぶんの数であったように思う。喜劇の方が多かった。そのことよりも，こんなにたくさんの芝居が常時見られる国ということについて考えた。われわれが芝居を見たいと思っても，広告はどうだ，というようには行かない。だいいち新聞広告なんかに出ていない。

芝居見物には，かつてほどに行かなくなってしまったようだ。音楽会へ行くと言えば，なるほど，という顔をする人が，芝居へ行くと言うと，それはそれは，といった反応になる。

もう何年も劇場へ足をふみ入れたことがないという人がすくなくない。われわれの国では A 。

（外山滋比古『ことばの教養』中央公論新社）

1．演劇は死につつあるのだろうか
2．演劇が生まれ変わりつつあるのだろうか
3．喜劇と悲劇のどちらが好まれるのだろうか
4．演劇文化が生まれつつあるのだろうか

Ⅴ　下線部「無理をしている」の意味として，最も適当なものはどれですか。 **5**

駒沢さんは，医師として自分たちが何か〈無理をしている〉という実感を持たれたらしい。その〈無理をしている〉というのは，一体どういうことでしょうか。

つまり，そこで現代医学の本質が，おのずとその赤裸々な姿をあらわしてくるのです。

〈医は否定を基本としている〉

と，駒沢さんは考えます。これは西欧近代医学の本質であるらしい。その〈否定〉の論理こそが，言うに言えない不快感をおぼえさせるのではないか。

医は否定を基本としている，というのは事実でしょう。

たとえば，目が不自由なのはだめだ，と考える。耳が不自由なのもいけないことである，と，きめつける。この，なにかが不自由であったり，不可能であったりする状態は，イコール悪であり，そうでない状態こそ人間の正しいありかただとします。それが医学の基本であるらしい。

（五木寛之『生きるヒント』角川書店）

1．医師は患者のために働き過ぎているということ

2．不可能や不自由を悪と決めつけて治療しているということ

3．不可能や不自由な状態を医学の基本としているということ

4．人間の正しいあり方を考えて努力しているということ

VI　下線部「哲学的な命題」への対応について，筆者はどう述べていますか。　**6**

すでに人工授精は一般的になっています。遺伝子の解読が進めば，特定の資質を消したり強調したりというデザイナーズ・チャイルドも可能でしょうし，病気の子供に臓器提供するためにクローンを作るということも不可能ではありません。人間の生命や存在といういわば哲学的な命題について科学者はどのように考えればいいのでしょうか。

やはり，もう科学者だけの手には負えないので考えあう，という以外の道はありません。科学者も含めた人間の知恵を寄せ合うしかありません。

たとえば，わたしは宗教の傍らにいる人間ですが，このような問題を，宗教的「正義」とか「正しさ」では測れませんし，そしてまた「絶対的解は何か」という問いを立てること自体が困難な領域だと思います。

「絶対的」といった瞬間に，それ以外に解決策はないことになってしまいますが，そんなはずはないのです。解決策はいくつもある。それをすり合わせて，マイナスの衝撃がより少ないものを探します。

（村上陽一郎『人間にとって科学とは何か』新潮社）

1．絶対的な答えを問う姿勢が必要である。

2．宗教的な判断に委ねることが望ましい。

3．科学の進歩による解決が基本である。

4．害の少ない解決策の発見は可能である。

VII　次の文章で，筆者の考えと合っているものはどれですか。　**7**

私は子どもを育てる，というときに「植物」をイメージする。太陽の熱と土とがあれば，植物はゆっくりと成長してゆく。子どもを「機械」のように考えて，「こうすればこうなる」と，教師がそれをコントロールしようとすると，思いのままにならないことが出てきていやになるのではなかろうか。植物の成長を楽しんで見るような態度を身につけると，楽しみが増えてくるように思われる。

こんなことを書いて，幼児教育は楽しいことばかりなどと私は思っているわけではない。どんな楽しいことでも，それが深いものであればあるだけ，苦しみによって裏打ちされているものである。苦しまずに楽しみを得ようとする人は，ものをすべてタダで得ようとするようなものである。

作家の遠藤周作氏は，小説を書くというのは，「くるたのしい」仕事ですと言われた。苦しみと楽しさがともにあるところに，その味の深さがある。幼児教育も本気にやるかぎり，「くるたのしい」のではなかろうか。

（河合隼雄『子どもと学校』岩波書店）

1．教育が苦しいと感じるうちはまだ経験が浅い。
2．子どもを上手くコントロールするために植物から学ぶべきだ。
3．本気で子どもを育てると苦しいのでほどほどでよい。
4．苦しいからこそ教育にはやりがいがある。

VIII　次の文章で，筆者は近代科学が説得力を持った理由をどのように考えていますか。

8

それにしても，近代科学がこれほどまでに人々に信頼され，説得力をもったのは，なにゆえであろうか。古今の数ある理論や学問のなかで特別の位置を占めたのは，なにゆえであろうか。…（略）… すなわちそれは，一口で言えば，近代科学が十七世紀の〈科学革命〉以後，〈普遍性〉と〈論理性〉と〈客観性〉という，自分の説を論証して他人を説得するのにきわめて好都合な三つの性質をあわせて手に入れ，保持してきたからにほかならない。これらの三つの性質は，それまでの多くの理論にも個別的には見られたものの，互いに相容れず，両立できないと見なされていた。ところが，近代科学の誕生においてはじめて，それらは，結びつけられ，統一されることによって異例の力を発揮するようになったのである。

（中村雄二郎『臨床の知とは何か』岩波書店）

1．17世紀以前から普遍性や論理性を持っていたから
2．相容れない説を切り捨てることで強さを増したから
3．他人を説得するために特に論理性を磨いたから
4．他人の信頼を得る複数の性質を統合したから

IX　下線部「悪魔のささやき」とは，どういうものですか。　**9**

犯罪者や自殺未遂者に，殺人なら殺人という行為に向けて走り出した瞬間，自殺を企てた瞬間について聞いてみたところ，意識的な行動ではなく，「ついフラフラッと」「気がついたら動いていた」「よく覚えていない」などと口にする人が多かった。そう，悪魔のささやきの第一の特徴は，あいまいでぼんやりした心に働きかけてくるということなのです。

そういう心の状態をなんと呼んだらいいのだろうと考えたんですが，非常にふわふわとした定まらない精神状態なものだから，意識とか心理とか意志とか思想とか理論といった言葉では表現できない。で，いろいろ探しているうちにたどりついたのが，「気」という言葉でした。たとえば，「あなたを殺そう」というのは意志だけれど，「あなたを殺そうという気があるよ」と言ったら，実際に殺すかどうかわからない。なんだかあいまいな，ふにゃふにゃした感じになりますよね。そういうあいまいな精神状態，微妙な心の動きを，日本人は気という言葉を動詞と結びつけて使うことによって表現してきたのではないでしょうか。

（加賀乙彦『悪魔のささやき』集英社）

1．犯罪や自殺に走らせた明確な自分の意志
2．犯罪や自殺に走らせた理由を忘れさせるもの
3．人間の心をふわふわとした状態にさせるもの
4．あいまいな精神状態に作用してくるもの

X　次の文章で筆者は，クモを探すのに一番適した場所はどこだと言っていますか。 **10**

　一般に，クモといえば，山の中や廃屋に巣を張っているように思ってしまいます。それでは，山の中に入ればクモが多くいるのかといえば，そうでもないのです。また，廃屋では確かにクモが巣を張っている場合が多いのですが，必ずしも当たってはいません。それでは，どこに巣を張っているのかということですが，要するに，「クモの獲物である昆虫が生息しているところにクモが多い」ということだけは確かです。いくら巣を張っていても餌が飛んでこなければ，クモは生きていけないのです。つまり，生物の食物連鎖を頭に入れればよいことになります。ですから，クモを探すには，食物連鎖を考えて，クモの獲物であるチョウやトンボなどの昆虫のいる場所に行けばクモを探しやすいのです。

（大﨑茂芳『クモの糸の秘密』岩波書店）

1．人間が踏み入らない山の中
2．獲物が多く生息している場所
3．クモが安全に隠れられる廃墟
4．昆虫がかつて巣にしていた場所

このページには問題はありません。
次のページに進んでください。

XI　次の文章を読んで後の問いに答えなさい。

自分というものは，日々，自分でつくり上げていくものだ。毎日の勉強や仕事，他者との交流によって自然に，自分ができていく。日々の仕事をこなす，新しい企画を通す，お客様に喜んでもらう，仕事をして会社に利益をもたらす……。そのような行為を通して，自分ができていく。

もっと知識を得て，しっかりした価値観を得たいと思って，本を読んだり，いろいろな人とつき合って，自分をつくっていく。あるいは，本や映画の登場人物に憧れて，意識的にそうなろうとすることもあるだろう。いずれにせよ，毎日の営みのなかで，自分というものがつくられていく。

だから，自分を探すなど，愚かこの上ないことだ。そんな暇があるのなら，仕事や恋愛や趣味などに自ら積極的に飛び込んでいって，日々の作業をし，毎日悩んだり考えたりしながら，行動していくべきなのだ。

そうすることによって，自分がしっかりしてくる。他者と交流し，影響を与え合い，互いの価値観をぶつけ合ってこそ，自分の価値観もしっかりしてくる。しかも，他者と交流すると，自分が他者にどのように思われているかもわかってくる。それを通して，自分がどんな人間なのかもわかってくる。

そのようなことをしないで，どこかにあるはずの自分を探していたのでは，ますます自分は遠ざかる。いつまでたっても，自分など見つかるはずがない。

（樋口裕一『頭がいい人，悪い人の〈言い訳〉術』PHP研究所）

問1　筆者が，自分を探すことを愚かだというのはなぜですか。　**11**

1．自分という存在には，わざわざ探し求めるほどの価値はないから
2．自分という確かなものが，あらかじめ存在するわけではないから
3．自分を探し出すことができても，それは自己満足にすぎないから
4．探すまでもなく，自分という存在は初めから心の中に存在するから

問2　この文章で筆者が最も言いたいことはどれですか。　**12**

1．自分を作るには，日々の生活をしっかり営んでいればよい。
2．日々の仕事や勉強の合間に，自分探しをするのがよい。
3．自分という主体にこだわらず，社会に合わせて生きるのがよい。
4．人生を難しく考えず，自分の思うままに行動するのがよい。

XII　次の文章を読んで後の問いに答えなさい。

現在，人間が家畜として利用している動物の中には，自然界では弱い存在である生き物も少なくない。

ウマも犬と同じように群れを作る動物である。そのため，犬と同じように，コミュニケーションを取ったり，リーダーに従順に従う能力に長けている。その能力が家畜として適しているのである。

野生のウマは一夫多妻のハーレムを作る。つまり強いオスは，メスを独占することができる代わりに，弱いオスは子孫を残すことができないのである。しかし，人間に従って飼われていれば，弱いオスも子孫を残すことができる。弱いオスのウマにとって，人間は利用価値の高い存在なのだ。ウマは人間と暮らしていれば，肉食獣に襲われることは少ない。家畜になることは，身を守る上でも有効な手段なのである。

草食動物で家畜になったのは，ヤギやヒツジが最初である。ヤギやヒツジは，もともと山岳地帯に棲む動物であった。彼らはエサの豊富な平地を逃れて，天敵の肉食獣やライバルとなる草食動物の少ない山岳地帯に棲んでいたのである。つまりは，弱い動物だったのだ。

山岳地帯では，エサとなる草は少ない。人間に管理されれば十分なエサにありつくことができるヤギやヒツジにとって，人間の言うことを聞くことは得になることの方が多かったはずである。

家畜というと人間に一方的に利用されているイメージが強いが，弱い動物である彼らにとっては，強い人間に寄り添うことは立派な戦略だったのである。

まさかこんなにこき使われるとは思わなかっただろうが，今や世界中にどれだけの数の家畜がいるかを考えれば，分布を広げ，個体数を増やすという生物の目的から見て，彼らは間違いなく成功者であると言えるだろう。

（稲垣栄洋『弱者の戦略』新潮社）

問 1　この文章で筆者は，ウマが家畜になれた理由をどのように述べていますか。 **13**

1．ウマは単体で行動し，長距離の移動に長けているから

2．ウマは一夫多妻のハーレムを作ることで，多くの子孫を残すから

3．ウマは意思疎通しやすく，主従関係を築くことができるから

4．ウマは人間の言うことをよく聞き，肉食獣を追い払ってくれるから

問 2　家畜について，筆者が最も言いたいことはどれですか。 **14**

1．家畜化した動物は本来の力を失い，次第に弱くなっていく。

2．弱い動物は，個体数の維持のために人間が守ってやる必要がある。

3．視点を変えれば，人間が家畜に利用されているとも言える。

4．家畜が分布を広げたのは，人間の成功のおかげである。

XIII　次の文章を読んで後の問いに答えなさい。

　人生は山あり(1)谷ありだから，山があればいずれ谷が来るし，谷があればいずれ山が来る。たとえ谷に落ち込んでも慌てず，自然の成り行きとして谷を脱することができるだろうと，時を待っておればやがて山を迎えることができる。泰然としていればいいのである。

　ところが，人はそう楽観的に生きることができない。谷に落ち込むと追い詰められた気分になって，つい神に頼りたくなる。藁にもすがりたい気持ちに追い込まれるのだ。やがて，時の流れとともに，谷の時期が去って山の時期がやってくるのだが，それを頼んだ神のお陰だと信じ込んでしまうことになる。そこが，怪しげな宗教のつけ目なのである。

　皮肉な言い方をすれば，不調のときの神頼みは必ず効き目があるのだ。人は，好調のときは神頼みせず，不調のときに神に頼ろうとする。何もせずにいても，そのうちに不調は去って好調が戻ってくるのだが，焦って神に頼ってしまうのだ。そして好調が戻ると，いかにも神に頼んだから幸運が訪れたと誤解してしまう。人が宗教や占いやジンクスに囚われるのは，(2)このような誤解のためである。その意味では，幸運グッズを考え出した人間は，人の心理を読み解く達人であったと言うべきだろう。ほんの小銭で幸運が買えたと誤解し感謝までしてくれるのだから。

　好調のときはやがて不調も来ると心を引き締め，不調のときはいずれ好調が戻ってくると楽観的に生きる，それが山あり谷ありの人生の鉄則ではないだろうか。かく言う私だとて，言うは易し，行うは難し，なのだけれど。

（池内了『不調のときの神頼み』日本経済新聞社）

問1　筆者は，下線部(1)「谷」について，どのような意味で使っていますか。　**15**

1．山などに囲まれた標高の低い土地
2．人生の終末期
3．災難などの，逆境にある時
4．神頼みの効果がない時期

問2　下線部(2)「このような誤解」とはどういうことですか。　**16**

1．自然の流れで来た幸運に，神との因果関係を見出すこと
2．神頼みの効果が一向にあらわれないと感じること
3．お金を払えば，神は願いごとを叶えてくれると考えること
4．焦って神頼みをした結果，宗教にのめりこんだと考えること

XIV　次の文章を読んで後の問いに答えなさい。

読書の愉しみはひとりで得られると思っている人が多い。なるほど，本はひとりで読む。しかし，本とだけつき合っていては本当の読書の愉しみは味わいにくい。どうしても仲間がほしい。といっても，張り合うライバルではない。何かというと，ほめてくれる人である。こういうことを言うと，謹厳な読書家の不興を買いそうだが，読書という無償の不自然な努力をするからには，何かの奨励がなくてはならない。はっきり賞賛を口にしなくても，読んだことを話したら，そんなことははじめて聞く，そうですか，と感心した顔つきをしてくれるだけでよい。そういう友人がほしい。

われわれのような凡人は，時々虚栄心をくすぐり，ひょっとすると自分も相当なものかもしれないという錯覚に陥らせてくれる人間がいてくれないと，せっかくの読書の楽しみも薄くなるのである。したがって，こういうときの友を選ぶなら，あまり読書家でない方がよい。いつもこちらが劣等感を味わわされるようでは逆効果だからである。まわりがみんな自分より読書家ぞろいだったら，万事休するわけだ。そんな都合のいい相手がおあつらえ向きに見つかってくれるものかと言う人があるかもしれないが，そこは頭の使いようである。

なるべく，やっている仕事の違った人間と親しくすればよい。同じ専門をしていると，こまかいことまで共通の知識があって，突っこんだ話ができて愉快だなどと言ってる人もあるが，それは例外である。外国文学を勉強している男が，国文学や中国文学者と話をすると，向うの常識はこちらには新知識だし，こちらの（　A　）が相手にはインスピレーションのように働くことはしょっちゅうである。

（外山滋比古『ことばの教養』中央公論新社）

問1　下線部「そんな都合のいい相手」の内容として，最も適当なものはどれですか。 **17**

1．本を読んで知識を競い合うライバル

2．一人で本を読む，真面目な読書家

3．自分と本の好みが似ている仲間

4．自分に優越感をもたらしてくれる聞き手

問2　（　A　）に入るものとして，最も適当なものはどれですか。 **18**

1．非常識なこと

2．陳腐なこと

3．重要なこと

4．愉快なこと

XV　次の文章を読んで後の問いに答えなさい。

山村の労働は，その労働によって得られる現金収入の量，労働に対する自分の好み，それにもう一つ生活の再生産のために必要な労働という面を加味しながら決定されていく。畑仕事は主として生活の再生産のためにおこなわれている。自分の生活にとって必要な野菜を畑からつくりだすのである。それにもう一つ，買った野菜より自分でつくった野菜のほうがおいしい，という面もみのがせない。

じゃがいもの収穫量を*浜平の人たちは二〇倍になると表現している。春五キロの種いもを植えたとする。そうすると夏には二〇倍の一〇〇キロのいもがとれるのである。それが同じ**上野村でも***神流川をずっと下って隣村との境までくると，三〇倍の一五〇キロに変わる。ここまでくると同じ山の傾斜地でも山裾ははるかに広く日照時間も長い。浜平とは冬の気温が一〇度ぐらい違ってくる。当然収穫量がふえるのである。それが山里を離れて平地にまででてくると，五〇倍にはなる。しかしそれにしたがって，じゃがいもは水っぽくなってくる。浜平でとれた栗のようないもになじんできた人々には，この水っぽいいもが耐えられない。

それは他の野菜の場合も同じである。早朝には霧につつまれる傾斜面に植えられたいんげんは平地のそれよりはるかにやわらかく味が濃く，大根でも白菜でも育つのには平地より五割は余分に日数がかかるが，その分だけおいしい野菜が育つ。

自分の生活を再生産するための労働，——もちろん現金収入を得るための労働も大きな意味では生活のための労働であるけれど，ここでいうのは直接自分の生活を再生産するためにおこなわれる労働のことである。

（内山節『山里の釣りから』農山漁村文化協会）

＊浜平：土地の名前

＊＊上野村：群馬県にある村の名前。浜平地区を含む

＊＊＊神流川：群馬県を流れる川

問1　下線部「それは他の野菜の場合も同じである」の内容として，最も適当なものはどれですか。 **19**

1．低地で栽培すれば収穫量は増えるが味は悪くなるということ
2．野菜の収穫量が増えても，食べきれず無駄になるということ
3．傾斜面に植えられた野菜は，収穫までに時間がかかるということ
4．愛情をかけた分だけ，自分の手で作ったものがおいしいということ

問2　山村での畑仕事について，筆者の考えと合っているものはどれですか。 **20**

1．味の良い野菜を生産して人々に喜んでもらうことに価値を置いている。
2．生活の再生産に必要な資金を得ることを，主な目的としている。
3．都市の生活から逃れ，自分のやりたいことだけを行う無責任なものである。
4．生活の再生産のために行われ，生産性よりも満足度を重視したものである。

XVI　次の文章を読んで後の問いに答えなさい。

*聖徳太子は十七条の憲法の第一条で「和ヲ以《もつ》テ貴シト為ス」と言われた。日本人は和を大切にする。会話をしながらもおたがいに気持ちが一致しているということを喜ぶ。

アメリカの人などは，「……だねぇ」「……ですねぇ」と盛んに日本人は「ねぇ」をつけるが，あれは一体どういう意味なんだ，と質問する。日本人は一般に「ねぇ」に限らず，「いいお天気だよ」とか「いいお天気だわ」と言って，盛んに「よ」とか「わ」とかいう助詞をつけて会話をかわしている。

それらには微妙な違いがあって，「……よ」というのは相手の知らないことを伝える。例えば，相手はまだ床にいる。そのとき先におきて外のようすを見た人は，「今日はいいお天気だよ」と「よ」を使って教える。

「いいお天気だわ」というのは軽い感動。もしこれを「だわ」と後を上げると，女らしい，相手に訴えるという気持ちが表れる。

それに対して，「いいお天気だねぇ」というのは，自分は相手と同じ気持ちだ，ということの確かめで，共感を求める意味で使う言葉だ。「ねぇ」を多く使うということは，日本人が始終相手と同じ気持ちでいることを，絶えず確かめ合いながら会話をしていることになる。

（金田一春彦『日本語を反省してみませんか』角川書店）

＊聖徳太子：飛鳥時代の皇族・政治家といわれる

問1　下線部「盛んに『よ』とか『わ』とかいう助詞をつけて会話をかわしている」とありますが，「よ」はどのようなときに使う助詞だと筆者は述べていますか。 21

1．相手と気持ちが一致していることを確かめるとき
2．相手に対して何かを強く訴えようとするとき
3．相手に対して自分の感動の気持ちを伝えるとき
4．相手が初めて知ることになる情報を伝えるとき

問2　筆者は，日本人が会話をする中で価値を置いていることは何だと考えていますか。 22

1．会話をできる限り長く続けること
2．自分の話す内容で相手に感動を与えること
3．感じていることが相手と同じであること
4．自分が伝えたいことを明確にすること

XVII　次の文章を読んで後の問いに答えなさい。

高い評価を得ていた物語が急速に価値を失うのは，近代になってからであろう。それには自然科学の果たした役割が大きい。自然科学は外的事実の間の「関係」，特にその「因果関係」を見出すことに努力するが，そのような外的事実を，観察者（研究者）とは関係のないものとすることが前提となっている。このために，(1)そこに見出されたものは個人を超える普遍性をもっている。この「普遍性」ということが実に強力である。つまり自然科学によって見出された結果と技術とがうまく結合すると，人間は事象の「外側に」立って，それをコントロールし，操作できる立場を獲得する。この方法があまりにも効果的であるために，人間は科学の知によってすべてのことが可能になると思ったり，科学の知こそが唯一の真理である，とするような思い違いをしたのではなかろうか。

(2)このような思い違いをすることによって，多くの現代人はこの世との「関係」を切断され，根無し草のようになってしまった。便利で能率よく生活することが可能になったが，いったい何のために生きているのか，その意味が急に稀薄に感じられるようになったのである。「意味」とは，関係の在り方の総体のようなものである。私と私を取り巻く世界との関係がどんなものかがわからずに生きていても，「意味」が感じられないのも当然である。

しかし，このようなことに気づく前に，多くの人が自然科学の知以外の知を否定しようとしたり，軽蔑したりしたのではないだろうか。そして多くの学問研究も「科学的」であろうとし，十八世紀の物理学の方法論を，社会科学でも人文科学でも自分たちの領域に適用しようと試みた。それはそれなりの成果を得たのは事実であるが，それのみが学問であるとか，真実を知る方法であると考えるのは誤りである。

（河合隼雄『物語を生きる』小学館）

問１　下線部(1)「そこ」が示している内容として，最も適当なものはどれですか。　23

1．外的事実
2．物語
3．観察者
4．近代

問２　下線部(2)「このような思い違い」とは何ですか。　24

1．近代になって，物語の質が低下したと考えること
2．科学は全能であり，並ぶものはないと考えること
3．自然科学の研究結果と技術が結合すると考えること
4．便利で能率がよい生活こそ幸せだと考えること

問３　この文章で，筆者が最も言いたいことはどれですか。　25

1．科学は人間社会に大きな影響を与え，便利な生活という成果を出した。
2．人間は科学以外の学問にも普遍性を求め，それらの学問は一定の成果を出した。
3．科学で世界を制御できるため，人間と世界との関係は普遍的になりつつある。
4．人間は科学を過大視するあまり，世界との関係や生きる意味を忘れつつある。

第 4 回の問題はこれで終わりです。
解答・解説は p.326 を参照してください。

第5回

実戦問題

解答時間 70分

正解と得点分布図確認

QRコードを読み取ってオンライン解答用紙に解答を記入し、正解と得点分布を確認してください。

記述問題

説明

記述問題は，二つのテーマのうち，どちらか一つを選んで，記述の解答用紙に書いてください。

解答用紙のテーマの番号を○で囲んでください。
文章は横書きで書いてください。
解答用紙の裏（何も印刷されていない面）には，何も書かないでください。

記述問題

以下の二つのテーマのうち，どちらか一つを選んで 400～500字程度で書いてください（句読点を含む）。

1．

近年，日本では，後継者《こうけいしゃ》がいなくなった結果，伝統工芸《でんとうこうげい》や伝統芸能《げいのう》が失われるという問題が生じています。

あなたの知っている国や地域《ちいき》における伝統工芸や伝統芸能の状況《じょうきょう》について，説明してください。

そして，その状況についてどう思うか，あなたの考えを述べなさい。

2．

現在，インターネットが普及《ふきゅう》した結果，インターネットを利用した通信販売《つうしんはんばい》でモノを購入《こうにゅう》する人が急激《きゅうげき》に増えています。

あなたの知っている国や地域における購買行動《こうばいこうどう》の変化について，説明してください。

そして，その状況についてどう思うか，あなたの考えを述べなさい。

読解問題

説明

読解問題は，問題冊子に書かれていることを読んで答えてください。

選択肢１，２，３，４の中から答えを一つだけ選び，読解の解答欄にマークしてください。

Ⅰ　下線部「アブをパートナーとするには，問題があった」とはどういうことですか。

1

黄色い花に，好んでやってくるのはヒラタアブなど小さなアブの仲間である。…（略）…

アブは，まだ気温が低い春先に，最初に活動を始める昆虫である。そのため，春先の早い時期に咲く花はアブを呼び寄せるために，黄色い色をしているのである。

もっとも，アブが好むから黄色い花を咲かせるようになったのか，黄色い花が多くなって，アブが黄色を好むようになったのかは，「卵が先か鶏が先か」で，よくわからない。

しかし，春先には黄色い花が咲き，黄色い花にアブが来るという植物と昆虫との約束事ができあがったのである。

ただし，アブをパートナーとするには，問題があった。

ミツバチのようなハナバチの仲間は，同じ種類の花々を飛んで回る。

ところが，アブはあまり頭の良い昆虫ではないので，花の種類を識別するようなことはしない。そして，種類の異なるさまざまな花を飛び回ってしまうのだ。これは植物にとっては，都合の良いことではない。

同じ黄色い花だからと言って，タンポポの花粉がナノハナに運ばれても，種子はできない。タンポポの花粉は，タンポポに運んでもらわなければならないのである。

（稲垣栄洋『雑草はなぜそこに生えているのか』筑摩書房）

1．アブは花の種類を識別しないため，運ぶ花粉が役立たない場合があること
2．アブは，まだ気温の低い春先に，他の昆虫より早く活動すること
3．アブが黄色い花を好む理由がよくわかっていないということ
4．アブは，ある特定の種類の黄色い花にしか反応しないということ

II　次の文章の内容として，最も適当なものはどれですか。　**2**

データベース講習会のお知らせ

中央記念研究図書館では，以下のデータベースセミナーを開催します。当日は，各データベースの提供元からインストラクターをお招きし，解説と実習を行います。対象は主に大学院生を想定していますが，学部生や教職員のみなさまにも受講していただけます。ぜひ，この機会にご参加いただき，今後の研究・学習にお役立てください。

【対　象】本学学生・教職員

【定　員】40名

【言　語】日本語

【日　程】10月22日(月)から毎週月曜日に３回行います。希望の日程を申請してください。(各回の内容は同一です。)

【お申し込み方法】

事前の申し込みが必要です。以下のWebサイトから希望日程の講習に申請してください（学内Webサイト用のパスワードとIDが必要です)。

https://takada.datebase.XXXX.com

【申し込み期間】

10月15日(月)午前９時～10月19日(金)午後５時まで。定員（各40名）に達した場合は，その時点で講習会の受付を終了します。

参加申し込みを取り消したい場合は，Webサイトから予約の取り消しを行ってください。

席に余裕がある場合は，当日参加を会場で受け付けます。

1．定員以上の申し込みがあった場合は大学院生を優先する。

2．大学院生だけでなく学部生も講習を受けることができる。

3．Webサイトで予約を行っていない場合は参加できない。

4．講習会が行われるのは，15日，22日，29日の三回である。

III　下線部「そのこと」とはどんなことですか。　**3**

若い人たちが新しい宗教に走ったり，占いとかそういう古風なものをみんなが信じたりする風潮を笑う人たちが一般には多いですね。でも，ぼくはそれを奨励する気持ちはまったくないけれども，占いに頼ったりする，その心の深いところをずうっと掘りさげていくならば，人間の人間らしい大事なものが中からあらわれてくるんじゃないだろうか，という気がしたりするのです。

ぼく自身は，占いは信じません。しかし，たとえばおみくじを引いて，それが大凶とか凶だったら，それは絶対いい気持ちがしないですよね。そこでいい気持ちがしないということは，どんなに近代的な自我とか意識的な人間であっても，やっぱり心の中に古代人の超自然的なものに対するおそれというものを抱いていることなのだから，そのことをちゃんと認めた上で，たとえば科学を論じたり，社会を論じたり，あるいは芸術を論じたりすべきじゃなかろうか，という気がするんです。

（五木寛之『生きるヒント』角川書店）

1．どんな人でも科学では説明できないことに気持ちが左右されること
2．近代的な考え方をする人でもおみくじを引くことがあること
3．新しい宗教に入ることが人間らしい生活を送る上で重要なこと
4．自我を確立するには，超自然的なものへの恐怖を克服する必要があること

IV　下線部「それを確認するための道具」が指している内容はどれですか。　**4**

近代の文学と口承の物語とは，ジャーナリズムの言葉と個人の言葉のちがいだと言えるのかもしれない。個人の言葉の場合は，ひとりひとりの顔が見える言葉なのだ。家族や地縁に支えられている言葉でもある。だからこそ，地方の風土，習慣，伝統がそこでは生きつづけ，それを確認するための道具にもなっていく。

一方の近代の文学は，印刷術と共に発達した新しい分野で，血縁，地縁を超えて，自分の意見を発表できるという魅力から，活版印刷の普及は急速に新聞，そして文学というジャンルを作り出していった。けれどもそのためには，幅広い人たちに理解できる言葉が必要になり，共通語が作られていく。つまり，人工の言葉を使うという約束事を守ることが前提になり，それは言うまでもなく，近代国家という新しい枠組みとも，歩みを共にしている。

（津島佑子「物語る声を求めて」平凡社東洋文庫編集部『東洋文庫ガイドブック』平凡社）

1．伝統
2．ジャーナリズムの言葉
3．個人の言葉
4．近代の文学

V　次の文章の（　A　）に入るものとして，最も適当なものはどれですか。　**5**

過去における技術は，すでに見たように，生活空間のなかで，限局された働きを持っていた。職人集団は閉鎖的であったが，技術の成果の大半は，生活の一部に関わるだけで，しかも，それは目に見える形をとるのが普通であった。食器その他の道具類も，遣いこなすのに特に注意は要らず，修理も日常的な範囲で，自分でもできないわけではなかった。もちろん治水，灌漑《かんがい》のように，大規模な行政的な力を必要とする技術も，社会の重要な要素ではあったが，それとても，生活者の参画がある程度は可能な形でつくられ，維持されていた。

しかし，今日の生活空間のなかでの技術は，全く異なる姿をしている。晩年の本田宗一郎氏が寂しそうに洩らした一言が忘れられないのだが，本田氏は「自分のところで作っている車，もう俺にはわからないんだ」と言ったのである。あの自動車技術の権化のような本田氏に明確には読み取れないような車のメカニズム。それは今日の生活空間のなかに浸透している技術の象徴のように思われる。

一言で言えば「（　A　）」のである。

（村上陽一郎『文化としての科学／技術』岩波書店）

1．技術は見えなくなっている

2．技術はいらなくなっている

3．生活空間は技術なしに成り立たない

4．自動車技術は大いに進歩した

VI　下線部「張った巣で獲物を捕える種類のクモと，徘徊して獲物を捕える種類のクモ」の関係をたとえたものとして，最も適当なものはどれですか。 **6**

世界に約四万種のクモがいるなかで，張った巣で獲物を捕える種類のクモと，徘徊して獲物を捕える種類のクモが，約半数ずついる。

巣を張るクモは，昆虫がよく飛来するところに網を張り，獲物を待つことになる。ここでのポイントは，いかに効率よく捕獲できる場所に巣を張るかである。生活がかかっているので，まずは，昆虫が飛来する場所に巣を張らなければならない。いくら巣を張っていても昆虫が来なければ時間の浪費にすぎないのである。一方，徘徊するクモは，獲物が多そうなところを物色して狩猟を行う。

これは，客が来るのを待つ店舗販売と，積極的に客のところへ出向く行商販売との関係に似ている。店舗販売は，商品や雰囲気にひかれて入店する場合もあるが，大部分は立地条件で決まる。それに対して，行商販売の場合，出かけて良い客を探す努力をしなければならないのである。これは，農耕民族と狩猟民族との関係にも対応している。

（大崎茂芳『クモの糸のミステリー』中央公論新社）

1．駅前にある衣料品店と，洋服の通信販売
2．紙媒体を売る本屋と，電子書籍を売るネットショップ
3．店舗を取り扱う不動産の会社と，人材を派遣するサービス会社
4．保険を販売している窓口と，家庭に出向く保険の営業セールスマン

VII　次の文章で筆者は，大勢の人間と仕事をする場合には，どのようにするのがよいと言っていますか。 **7**

僕が最後に言おうと思っていることをここで先ず言ってしまいましょう。それは僕としては，大勢の人間の仲間に加わって，なにか仕事をしているような場合には，人間同志のあいだに自然とでき上って来る雰囲気にひたり切るようなことをせず，とくにそういう時には自分というものに意識を強く向けてその自分を見失わないように用心したいと思っています。これと逆の場合つまり僕がたった一人になった時には，自分の心の中に極く自然に，湧き出るように作られて来る他人への愛着を，罪のない清らかな情熱を，心静かに育てて行きたいものだと思っています。僕のこの意見は実に，平凡なものです。ただ極端に走ることを充分に用心し，それを避けたい気持はあるのです。平凡なことは，考えやすいわりに行いにくいことを知っていますから，それに中庸《ちゅうよう》を保つことはさまざまの意味で大切なことだと信じていますから，僕としてはそこへ理想をおき，それへ近づきたいものと願っているわけです。

（串田孫一『ものの考え方』学術出版会）

1．集団の雰囲気を壊してでも，強く自己主張をする。

2．人への思いやりを持って，仲間意識を育む。

3．集団の雰囲気に流されないように自分を保つ。

4．結束力を得るために仲間と情熱を共有する。

VIII　次の文章で筆者が最も言いたいことはどれですか。　**8**

道徳とは，簡単に言えば，人間が生きてゆくうえで守らねばならない規則の総体である。したがって，そのなかには時代や文化によって異なってくるものもある。極端な例で言えば，信号が赤になったら道路を横切ってはならない，などということを知ることが絶対必要な文化圏があるかと思うと，そんなことをまったく知らずに一生を安心してくらせる文化圏もある。そんな細かいことを言うから問題になるので，交通道徳を守ることは大切であると言えばいい，と言われそうだが，そのような一般論でこと足りるのなら，「道徳は大切です」の一言ですんでしまうことになる。

道徳は生きることにかかわるだけに，きわめて細部にかかわる具体性をもたないと理解できない面と，きわめて抽象的，一般的に述べられる面の両面をもっている。あるいは，外界との関係で，具体的にこのような場合はどうするか，とか，どのような規則に従うべきかなどと，習慣や法律に近づいてゆく面と，あくまで内面的に，それが自分という主体にとってどのように価値づけられ，体系化されるのか，などと，宗教に近接してゆく面ももっている。そして，これらすべてのことを考慮しなくてはならぬところに，道徳教育の難しさがあると思われる。

（河合隼雄『子どもと学校』岩波書店）

1．道徳は生きていく上で必要なものだが多面的で教育するにも難易度が高い。
2．道徳を広めていくためには規則の総体として法律に明記するべきである。
3．交通規則は文化圏によって変化するが，道徳は文化圏を超えて一様であるべきだ。
4．多くの場合，道徳は習慣や法律に基づくものであり，個人の感情は関係ない。

IX　下線部「もう一つ問題がある」とはどういうことですか。　**9**

じつは，チューリップにも種子はできる。ところが，チューリップを種子で育てないのには，理由がある。球根であれば，秋に球根を植えれば，春には花を咲かせることができる。しかし，チューリップを，種子から育てようとすると大変である。種子をまいても一年目はほんの小さな葉が一枚出るだけで終わりである。そして，二年目に，小さな葉がやっと数枚出てくる。こうしてチューリップは少しずつ少しずつ球根を育てていくのである。花が咲くまでにはおよそ六年はかかる。チューリップを種子から育てあげるのは大変なのだ。

また，種子で育てるのは，もう一つ問題がある。

赤い花の球根から増えた球根は，元のチューリップの分身なので，元の花と同じ赤い花が咲く。しかし，種子は他の花と交配して作られる。そのため，赤い花に，黄色い花の花粉がかかったとすれば，その子どもである種子が，赤い花になるとは限らない。どんな花が咲くかまったくわからないのだ。

（稲垣栄洋『スイカのタネはなぜ散らばっているのか』草思社）

1．花が咲くのに長い年月を必要とすること
2．種子をつけたチューリップと同じ花が咲くこと
3．咲く花の様態を予測することができないこと
4．他の花と交配させるのが困難であること

X　下線部「生体としての『経費』がかかる」とはどういうことですか。　10

人間の目というのは，上は快晴の日の明るさから，下は夜の星空の下での明るさまでの，その範囲内《はんいない》が見えるようにセットされているという。もっと暗くても見える動物はいるが，人間は，太古の長い狩猟《しゅりょう》時代の間に，必要とされる目の能力が固まり，それで今日まで来ているらしい。もっと暗くても見える能力があるといいと思ったりするが，それにはそれだけの生体としての「経費」がかかるのだそうだ。

もちろん経費といっても金ではない。エネルギー上の経済は生物世界にもある。星空以下の暗闇でも見えるようにするには，その経費を体のどこか他の能力を犠牲《ぎせい》にして，エネルギーを削《けず》ってこないといけない。でもそういうあまり使わない能力のために，他の必要な能力を削るわけにはいかない。

だからそういう夜の暗闇の場合，人間の目の能力は経費の安いモノクロに切《き》り換《か》えてあるという。そういう見えるか見えないかの分野まで高級なカラー視力にセットしていたら，経費がかかり過ぎて，人体経営が成り立たなくなるんだそうだ。なるほどである。

（赤瀬川原平『目玉の学校』筑摩書房）

1．総合的な能力の向上には，各部分の能力を高めることが必要だということ
2．ある身体能力を得るためには，相応のエネルギーが必要だということ
3．必要な能力かどうかを判断するためには，エネルギーが必要だということ
4．視力などの身体能力を手に入れるためには，長い時間が必要だということ

このページには問題はありません。
次のページに進んでください。

XI　次の文章を読んで後の問いに答えなさい。

植物の中には，毒をもつものもある。毒を蓄えるというのも，食べられないための重要な戦略である。

辛味のある蓼を好む虫がいることから，「蓼食う虫も好き好き」ということわざがあるように，昆虫の中には有毒な植物を好んで食べるものも多い。昆虫は数が多く，世代交代も早いので，さまざまな進化をする。そのため，毒に対する抵抗性を身につけることができるのだ。

じつは食べられることに対して，無防備な植物などない。すべての植物が何らかの有毒な物質を用意している。ところが，昆虫の方も食べなければ死んでしまうから，その防御物質を打ち破る方法を身につける。すると植物側も新たな有毒物質を用意する。そして昆虫もさらにその物質を克服する進化を遂げる……。

植物と昆虫とは，こうして終わりなき「いたちごっこ」の競争を続けてきた。

ところが，毒性物質の種類は植物によってそれぞれ異なるから，どんな植物の有毒物質も打ち破る万能な策を身につけるというのは難しい。そこである種の植物にターゲットを定めて，対象となる植物の防御策を克服してエサとせざるを得ない。じつは，昆虫の中には特定の植物のみをエサにするものが多いのは，そのためである。

たとえば，モンシロチョウの幼虫の青虫は，キャベツなどのアブラナ科の植物のみをエサにする。アブラナ科の植物は，カラシ油という辛味物質が食害から身を守るための物質である。モンシロチョウの幼虫は，このカラシ油を克服することができる。しかし，その他の植物が持つ防御物質は打ち破ることができない。そのため，アブラナ科の植物のみをエサにしているのである。

（稲垣栄洋『弱者の戦略』新潮社）

問1　モンシロチョウの幼虫の例が示しているのは，どのような事実ですか。　**11**

1．昆虫が有毒な植物ばかりを好んで食べている事実
2．昆虫の世代交代は，他の生き物に比べて早いという事実
3．無防備な植物が昆虫に食べられるという事実
4．昆虫は食べる植物を絞ることで生き延びているという事実

問2　この文章の内容と合っているものはどれですか。　**12**

1．有毒物質を持っているのは，すべての植物ではなく一部にすぎない。
2．すべての植物の毒に対して耐性のある，万能な昆虫が存在する。
3．有毒な植物を食べられるように抵抗性を身につけている昆虫もいる。
4．モンシロチョウの幼虫は，カラシ油がなければ成長できない。

XII　次の文章を読んで後の問いに答えなさい。

絵に限らず，時には，自分の手には負えそうもないことをやってみるのは決して無駄ではない。勿論それは試みの範囲での話で，何をやっても自分にはうまく出来ると思い込んでいる人がいたら，その人は狂っている。困難だと思ったことが，一体どのくらい難しいものか，それを知るのは何かのためになる，ということである。

雨が多く降る季節がやって来た。外出しなければならない用事があれば，雨を厄介者と思うかも知れないが，雨を眺めているのはいいものである。全く雨の降らないところには生きていられない人間の条件などを考えるよりも，ぼんやり眺めているのが面白い。

雨の絵も随分いろいろ見る機会があった。屋根瓦に，ぽつりぽつり降り出した雨。雨に煙る森，町，港。*驟《しゅう》雨《う》に遭って走る人。だがそれは雨そのものだけを描いたのではなく，雨に濡れ，雨に煙る風景や人物をそれらしく描いている。

雨だけを描く。これは非常に難しい。第一，雨が粒であることは感覚として知っている。然しそれは宙に止まり浮いてはいない。上空の落下する以前の状態がどうなっているかを気象の本で教えられたが，実際を目撃するのは簡単ではない。地上に落ち，降るから雨である。

やや傾いた垂直の細い線を描き，傘をさした人を描けば雨には見える。見ていると確かに雨は線に見えるが，誰も雨は線だとは思っていない。落ちてくるから線のように眼に映る。

それでは雨そのものだけは描けないのか。描いても雨に見えないのか。降る雨を眺めながら，果して雨そのものが描けるかどうか，絵の限界を考えるのも有益である。

（串田孫一『光と遊ぶ心』彌生書房）

＊驟雨：急に降り始めてすぐに止む雨

問1　下線部「自分の手には負えそうもないことをやってみるのは決して無駄ではない」のはなぜですか。 **13**

1．努力をすれば出来るようになることを実感できるから
2．一見すると不可能なことでも，案外できたりするものだから
3．雨で外出できない時の，よい暇つぶしになるから
4．困難さや限界を知ることは何かのためになるから

問2　雨について，筆者の考えに最も近いものはどれですか。 **14**

1．雨を目で見ることは容易ではない。
2．雨を描くことで絵の限界を克服できる。
3．雨は眺めていて面白いものではない。
4．雨だけを描くのは風情に欠けてつまらない。

XIII　次の文章を読んで後の問いに答えなさい。

いわゆる*世阿弥《ぜあみ》の『花伝書《かでんしょ》』と称されるものの中に，〈(1)時分《じぶん》の花〉という言葉が出てくるのは，ご存じの通りです。

一般には，どんな若く美しい少年の舞であっても，それが美しいのは若いうちだけである，盛りをすぎて肉体的に老いたのちでもなお人びとを酔わせるのが本当の芸だ，という戒《いまし》めの言葉のように一般に解釈されていますが，ぼくは少しちがった見方をしてきました。〈時分の花〉，という言葉には芸の厳しさを教えながら，それでもなお，未熟な芸でさえも枯れた名人上手の至芸《しげい》を一瞬，乗りこえることがある。その若さや，瞬間の美に対する抑えきれない羨望《せんぼう》と憧《あこが》れの気持ちがあるのではないでしょうか。時分の花は，たしかにひとときのものです。五十年も六十年もつづくものではありません。わずか数年のうちに少年の美しさは消え去ってゆく。しかし，二度とかえらぬその輝きも，磨きに磨かれた永久に変わらぬ名人の最高の芸も，ともにこの世の花であることに変わりはありません。一瞬の美だからすばらしい，という考えもあるのです。

流行のものを買うというのも(2)同じことです。時に流されないスタンダードな定番を選ぶことを主義にしている人もあってよし，また，時とともに移ろい古くなってゆくその束《つか》の間の〈時分の花〉の美を買おうとする人がいるもよし，その両方がいてこそ，世の中はおもしろいのじゃないでしょうか。

（五木寛之『生きるヒント』角川書店）

＊世阿弥：日本の伝統芸能である猿楽の役者

問１　下線部(1)「時分の花」に関する筆者の考えとして，最も適当なものはどれですか。

15

1．わずか数年で消え去ってゆく儚い美にこそ価値がある。

2．瞬間の美を持つ芸は，普遍美を持つ名人の芸には劣る。

3．少年の美しさも名人芸もこの世の一時的な美にすぎない。

4．瞬間の美も名人の芸も，ともに素晴らしいものである。

問２　下線部(2)「同じこと」とはどういうことですか。　**16**

1．流行のものを買う人は本当の価値を知らない。

2．世の中は価値観の異なる人がいるからよい。

3．定番を選ぶ人は感覚の老いた人である。

4．価値観は一定ではなく変化するから面白い。

XIV　次の文章を読んで後の問いに答えなさい。

当り前のように使っている「間に合う」ですが，時々，絶妙な言葉だと思います。主体はいうまでもなく「間《ま》」にあるのですが，「間」を使った言葉には，たとえば，「間を置く」「間を持たす」「間が抜ける」「間が悪い」などいろいろありまして，私にとっては，いずれも「間」のいかし方のよしあし，上手下手を通じて，「間」というものの，人生における大切さに思いいたらせてくれる言葉なのです。

(1)話し上手の人がいます。

しかし，その人を，おしゃべりとは呼ばないでしょう。そのことを私なりに考えてみますと，饒舌の人はとかく「間」をとることに気が回らなかったり，「間」の必要を感じていない場合が多いのに対して，話し上手とよばれる人は，意識して，あるいは無意識のうちに，うまく「間」をとり入れている違いがあるように思います。

「旅は道づれ」と言いながら，おしゃべりの人と一緒の長旅には疲れるという人は少なくないでしょう。

また，相手とのあいだの沈黙の時間に耐え難くて，「サーヴィス」の気持から何かとおしゃべりして「間を持たせる」というときも確かにあります。

相手が何と思おうとわたしゃ知らぬとばかり構えて口を閉じていられる人はいいのですけれど，心遣いがこまやかであると，とかく(2)こういう場合，口数が多くなります。

（竹西寛子『国語の時間』河出書房新社）

問１　筆者は，下線部⑴「話し上手の人」とは，どのような人だと考えていますか。 **17**

1．話題が豊富で話好きな人
2．誰とでも同じように話せる人
3．話の間の取り方がうまい人
4．絶妙に面白い話ができる人

問２　下線部⑵「こういう場合」の内容として，最も適当なものはどれですか。 **18**

1．おしゃべりの友達と一緒に話をしている場合
2．沈黙に耐えられず何か言って間を持たせたい場合
3．間を持たせる必要性を感じていない場合
4．相手に伝えたいことがたくさんある場合

XV　次の文章を読んで後の問いに答えなさい。

クモは，しばしば「昆虫のクモ」と言われますが，この言葉は確かなのでしょうか。昆虫の脚が六本であることはみなさんもよく知っているでしょう。それでは，クモの脚も同じ本数なのでしょうか。クモの脚は八本なのです。ですから，クモは（　A　）。毒で恐れられているサソリや，家の中でアレルギーの原因にもなっているダニなどは，クモと親類であり，同じクモ類に属しています。昆虫もクモも，エビやカニなどの甲殻類や，ムカデなどのしん脚類と同じく，節足動物に属しています。

われわれは，巣の中で昼に活動しているクモや，巣の中で夜だけ活動しているクモを見かけたり，洞穴の中に巣を張っているクモを見かけたりします。このような活動時期がずれているクモは，光との関係で一体どのように進化してきたのでしょうか。

クモ類の先祖は水中で生活しており，それが陸上に上がってから，落葉層や土壌のすき間に住みつき，さらに洞穴に入りこむようになったと考えられています。その後，これらの環境から抜け出したものが造網性のクモになったと考えられているのです。

進化の過程を考えてみると，はじめは土の中か葉っぱの中で生活していましたから，暗闇と十分な湿度を必要としたのでしょう。それから，暗いところや湿気のあるところに住むようになったものが，明るい湿気の少ない場所に移動したものの，初めのうちは夜行性であったと思われます。その後に，昼行性のクモが現れたと考えられています。つまり，クモは進化とともに，暗から明へ，湿から乾へと，すなわち夜行性から昼行性へと移行してきたものと考えられているのです。

（大﨑茂芳『クモの糸の秘密』岩波書店）

問１　（　Ａ　）に入るものとして，最も適当なものはどれですか。　19

1．クモ類なのです
2．昆虫と同じ仲間なのです
3．昆虫ではありません
4．節足動物なのです

問２　この文章で述べられているクモの進化として，正しいものはどれですか。　20

1．進化がすすんだ現在でも水中で生活しているものが圧倒的に多い。
2．陸に住んでいたクモの一部が，進化の過程で水中にも住み着いた。
3．クモの先祖は陸上に上がる前から巣を張って生活をしていた。
4．過去には夜に行動するのが一般的だったが，現在は昼に活動する種類もいる。

XVI　次の文章を読んで後の問いに答えなさい。

ことばは，話す人（Ｓ）と聞く人（Ｈ）によってはたらく。Ｓの云ったことをＨが受け取る。多くの場合，そのＨは次にＳとなり，ことばを発し，前にＳであったＨがこれを受け取る。こうして，互いに役割を交換して話し合うのが基本である。Ｓが第一人称なら，Ｈが第二人称だから，これが互いに入れ替わるのが対話である。つまり，コミュニケーションの形式からすれば，第一人称と第二人称があればよいことになる。

第三人称というのは，ことばが言及している，第一人称，第二人称以外のすべての他者である。人称というから人間に限るように誤解されやすいが，その場に居合わせないすべてが第三人称になる。人もものも，第三人称として扱うのが文法である。すべての事物は第三人称になる。人称という名前がミスリーディングである。

実際の発話はＳ（第一人称）とＨ（第二人称）との間で行なわれる。第三人称はその場から外れたものであって，コミュニケーションの成立には直接的に関わりをもたない。もちろんＳとＨのとのやりとりを他所から見聞する存在は想定されていないのが普通である。もちろん，この他者の存在は，いわゆる第三人称ではない。立ち聞きとか又聞きというのは，ＳとＨの予想しない受け手である。この立ち聞きの主体が，第四人称というわけである。いくらか異常な伝達の受容者であることもあって，立ち聞きそのものが，いくらかあいまいな存在と見なされたのは，是非もない。

（外山滋比古『第四人称』みすず書房）

問１　下線部「その場」が指している内容はどれですか。　**21**

1．第一人称と第二人称がいるところ
2．コミュニケーションの形式があいまいなところ
3．異常な伝達の受容がなされているところ
4．第三人称が立ち聞きしているところ

問２　筆者の考える「第四人称」にあたるのはどのような人ですか。　**22**

1．大学で，教授の講義を聞いている学生
2．隣の部屋から聞こえてくる会話を聞いている人
3．テレビ中継の討論会を見ている視聴者
4．会話に入ることができず，沈黙している人

XVII　次の文章を読んで後の問いに答えなさい。

幼ないころ，自分の幼なさに気づく人はいない。われわれはもはや幼な子でなくなってはじめて幼ないころがなつかしくなる。初恋がなつかしいのは，あの日あのときのあの私が，無知であり決断できなかったからではあるが，しかし，もともと，はじめにあらわれるものにいきなりぱっと応答できる人はいないのである。われわれの認識は，いつも後手《ごて》後手にまわって，もはやとり返しのつかなくなったときにはじめて，つまり，なくしてしまったり，会えなくなってはじめて，その人（もの）の値うちを知るようになっているのである。だが，このずれは〈私〉だけのものではない。人はみな，時のうしろ姿だけをとらえて(1)悲しむ。しかし，このうしろ姿に気づいて悲しむ人は，この悲しみのわからぬ人より認識の度合いのするどい人であるから，そのことを知って，(2)むしろ慰さめとすべきなのだ。時間は意識に先行するのであって，意識が時間に先行するのではない。だが意識の低い人，意識のないにひとしい人は，自己がかつて失ない，いままた得んとしている新しい可能性がいま眼の前にあることに気づかない。〈無知〉なる人は，自己が無知であることを知らないから自ら不幸だと思うことはないが，彼は自己の無知という不幸が幸福に転換できる可能性についても無知なのである。無知なることに気づく人は，自己がかつて無知であったというかたちで，かつての無知に気づくことはできるが，いまのいま，自己がどれほど無知であるかということについて，十分知っているかというと，そうではない。無知についての認識は，幼時や初恋の場合と同じく，あとになって気づくことが多い。認識は時間に対してはやはり，ひとあし遅れざるをえないのである。

（小原信『孤独と連帯』中央公論社）

問1　下線部(1)「悲しむ」とありますが，何を悲しむのですか。　**23**

1．判断の甘さゆえに，初恋が実らなかったこと
2．価値を知ったときには，時は流れ，とり返しがつかないこと
3．はじめにあらわれるものに即座に応答できる人はいないこと
4．人はいつでも，時間に追われて生きていること

問2　下線部(2)「むしろ慰さめとすべきなのだ」とありますが，「誰が」そうすべきなのですか。　**24**

1．認識の度合いのするどい人
2．意識の低い人
3．自己が無知であることを知らない人
4．時間より認識を先行させる人

問3　この文章の内容と合っているものはどれですか。　**25**

1．誰でも失敗はするので，とり返しのつかない過去を思い悩む必要はない。
2．無知な人はむしろ幸せなのであり，認識の鈍感さは生きる上で必要だ。
3．過去の無知を知ることで，現在や未来において無知ゆえの失敗を防げる。
4．過去の無知に気づいても，現在の無知について十分に知ることはできない。

第 5 回の問題はこれで終わりです。
解答・解説は p.330 を参照してください。

第6回

実戦問題

解答時間 70分

正解と得点分布図確認

QRコードを読み取ってオンライン解答用紙に解答を記入し、正解と得点分布を確認してください。

記述問題

説明

記述問題は，二つのテーマのうち，どちらか一つを選んで，記述の解答用紙に書いてください。

解答用紙のテーマの番号を○で囲んでください。

文章は横書きで書いてください。

解答用紙の裏（何も印刷されていない面）には，何も書かないでください。

記述問題

以下の二つのテーマのうち，どちらか一つを選んで 400～500字程度で書いてください（句読点を含む）。

1．

大学には，学生に豊富《ほうふ》で専門的《せんもんてき》な知識《ちしき》を提供《ていきょう》するという役割《やくわり》がありますが，大学の役割はそれだけではありません。

学生に知識を提供することの他《ほか》に，大学にはどんな役割があると思いますか。具体的な例を挙げて，あなたの考えを述べなさい。

2．

ボランティアに参加《さんか》することには，社会問題の解決《かいけつ》に役立つという利点《りてん》がありますが，ボランティアに参加することの利点はそれだけではありません。

社会問題の解決に役立つことの他《ほか》に，ボランティアに参加することにはどんな利点があると思いますか。具体的な例を挙げて，あなたの考えを述べなさい。

読解問題

説明

読解問題は，問題冊子に書かれていることを読んで答えてください。

選択肢１，２，３，４の中から答えを一つだけ選び，読解の解答欄にマークしてください。

Ⅰ　筆者によると，かつて「自然」はどのようなものだと考えられていましたか。　1

かつて，人間の生活と生命の安全を脅かすものは「自然」であった。地震，津波，洪水，*早魃，火山の噴火，台風，あるいは野獣の襲撃など，「自然の脅威」と呼ばれるものが，人間にとって，最大の危険であった。もちろんその前に，十分な食料や雨露を凌ぐだけの住居の確保，あるいは病気と怪我への対策などが，より緊急な関心事であったろうが，しかし共同体が，あるいはそこで育まれた知恵が，そうした対策をある程度引き受けたとしても，「自然の脅威」はどうにもならなかった。この事情はどの文化圏においても，本質的には同じだったと言ってよいだろう。

西欧の歴史においても，事情は変わらなかった。とくにキリスト教の支配するヨーロッパにあっては，創造主である神の計画に支配されている自然は，人間の制御や支配の能力を超えたものとして，ある程度以上の自然への人為の介入は，むしろ忌避され，あるいは諦められていた。むしろ自然のなかで人為を如何に生かすか，ということに人々は腐心していたとも考えられる。

（村上陽一郎『安全学』青土社）

＊早魃：旱魃。長期間，水が不足した状態

1．人間が計画的に開発することで，制御可能になるもの

2．人間に生きる指針を与えてくれる，神聖なもの

3．ある程度の対策はできるが，対抗することは不可能なもの

4．人間の自由にしてよいと，神から与えられたもの

II　次のお知らせの内容と合わないものはどれですか。　**2**

交流会参加者募集のお知らせ

当大学では，来る７月６日(金) 18時より，市民ホールにおいて地域の人々と留学生の交流会を開催します。地域の人々や日本の文化を知る良いチャンスですので，ふるって参加してください。

○応募資格

当大学・大学院への留学生（日本語能力は問いません）

○申し込み先

２号館　留学生支援課

○申し込み期限

６月29日(金)　16時まで

○応募方法

留学生支援課にある応募用紙に必要事項を記入の上，学生証のコピーをそえて，直接留学生支援課の窓口に提出してください。

○注意事項

交流会への参加は無料です。市民ホールでの交流会のあと，20時からは隣接の市民センター３階会議室で日本語教室が開催されます。教室への参加を希望する場合は，教材費として300円を当日市民センターにお支払いください。教室への参加は，教材の数の都合により，先着順で30名とします。

1．日本語が話せない留学生も交流会に参加できる。

2．６月29日の16時までに留学生支援課に行って応募すればよい。

3．交流会のあと，場所を変えて日本語教室が開催される。

4．交流会に参加できるのは，先着順で30人だけである。

III　下線部「その」の内容として，最も適当なものはどれですか。　**3**

また連日のように嫌なニュースが報道されます。親が子を虐待《ぎゃくたい》したとか，孫が祖父母を殺した――そんなひどいニュースが流れない日はありません。一体何が起こっているのか，と問わずにはいられない。

自殺にせよ，人を殺すにせよ，そこに共通してあるのは「いのちの軽さ」でしょう。自分のいのちの重みを感じられない人は，やはり相手のいのちの重みもわからない。

今，私たちが一番問題にしなければならないのは，政局の混迷や経済破綻《はたん》ではない。戦後，ずっと先送りにして見ないふりをしてきた「精神のデフレ」「こころの不良債権」の問題でしょう。私たちは，こころをないがしろにしすぎた。見えないものを軽んじ，湿り気のある感情を置き去りにしてきた。そのつけが今きているのではないでしょうか。渇《かわ》ききったこころには，柔らかな感性，豊かな想像力は育たない。そう思わずにはいられません。

（五木寛之『ただ生きていく，それだけで素晴らしい』PHP研究所）

1．毎日悪いニュースを見聞きしてきたこと
2．相手のいのちを無視してきたこと
3．政局の混迷や経済破綻を放置していたこと
4．精神や感情の問題を軽視してきたこと

IV　下線部「そういう指摘は少しも嬉しくない」の理由として，最も適当なものはどれですか。 **4**

　自分の意に反して，嫌々ながら承知してしまったこと。これは恐らく限りなく想い浮かべられる筈である。恩師に頼まれたから，気心を知っている友人が気の毒になってしまったから，無下にいやだとは言えなかったことが多い。そしてこれにも後になって，断らないでよかったという気持も纏い付く。

　それが人間の附合いというものだと教えて呉れた人がいるが，そういう指摘は少しも嬉しくない。それでは人間関係は自分を滅ぼし合うことである。他人を悦ばせて自分が満足するという教えがいろいろあるが，これに含まれている危険を今は見抜いて置かなければならない。滅私奉公は人を物にする。命令であれば，嫌々でなしに，自分から嬉々としてそれに従うのは，巧妙な術を使われて「否」と言える精神の中枢を抜き取られてしまった物である。命令でしか動けない恐ろしい物である。

（串田孫一『雑木林のモーツァルト』時事通信社）

1．自分の精神を失うことを認めるような言い方だから
2．他人を悦ばせることの価値をわかっていない言い方だから
3．そもそも人間関係とは何かを説明していないから
4．滅私奉公をして幸せを得る人もいることを考慮していないから

V　次の文章の（　A　）に入るものとして，最も適当なものはどれですか。　**5**

私たちの人生はそれぞれちがいます。そして，どんなにまじめに努力をしても，それが必ずしもむくいられるとは限らない。

努力をする，ということを，立派なことをしているように考えない，というのはどうでしょうか。そうせずにはいられない自分，努力が好きな自分が勝手に努力している。

極端なことを言わせてもらえば，努力をする*タチの人と，そうでないタチに生まれてきた人とがいるのです。努力が好きな人は，努力しないことが苦痛で，耐えられないのです。

努力をしたから，その分だけむくわれて当然だという理屈は，ないんじゃないかとぼくは思います。人生とは，（　A　）なのです。その気になって頑張っても，できないことはできない。

なにかが働いているのです。自分の力をこえた，目に見えないなにかが。

それを神秘的な力のようには，ぼくは思いません。そうではなくて，一人の人間の能力をこえた，なにか大きな流れのようなもの。

生命のリズムのようなもの。

それにまかせるという感覚を，ぼくは少しずつ開発してゆきたいと思っています。

（五木寛之『生きるヒント』角川書店）

＊タチ：生まれつきの性質

1．思うにまかせぬもの

2．自分で切り開くもの

3．苦痛に満ちたもの

4．自分だけに与えられたもの

VI　筆者が優れた色使いを「一種の魔法使い」と表現する理由として，最も適当なものはどれですか。 **6**

色というのは見てしまえば，それを真似ることはできる。この色，あの色，その色，というので一色一色調合してそのとおりの色で塗っていけば，こういう色合いにはなる。でもそれは置き換えただけで，新しく色を作ったことにはならない。新しい色の美味しさというのはどうやってできるのだろうか。

色というのは不思議な領域だといつも思う。一色だけを取り出して見たら，別にどうということはないただの色だ。むしろこの*写楽の色なんか。何だか濁《にご》ったような，つまらない色かもしれない。

それが他の色との組み合わせでいきなり輝いてくる。生き生きとしてくる。味もそっけもなかった色に，いきなり味が出てくる。

それがなぜなのかわからない。どういう仕組みになっているのか。現代の科学では説明できない。

だから優《すぐ》れた色使いは，一種の魔法使いである。

（赤瀬川原平『名画読本 日本画編』光文社）

＊写楽：東洲斎写楽。浮世絵師

1．色の組み合わせのうまい人は，芸術的な才能にあふれていると考えられるから

2．色の組み合わせのうまい人は，かつては魔法使いと思われていたから

3．色を組み合わせている時の格好が，まるで魔法使いのように見えるから

4．色の組み合わせによって，科学でも説明できない魅力的な味わいを出すから

VII　次の文章で，「英仏の共同出資による強磁性の研究所」の例を通じて，筆者は何を伝えようとしていますか。　**7**

科学も文化の一つではあるが，知識論に限って言えば，それは，本来の意味での文化に拘束されるというよりは，むしろ，それ自体が，本来の意味での文化からは何程か離脱した，それゆえ誤解を避けずに言えば「無国籍」の文化である，という側面があることを否定できない。

そして，この「無国籍性」こそ，科学が「普遍的」と言われる所以でもあると思われる。一つの実例を挙げておこう。フランスのグルノーブルに英仏の共同出資による強磁性の研究所がある。この研究所は，完全に英仏がイコール・パートナーの形式をとった組織であり，責任者も交代で務めることになっている。研究者もほとんど同数が英仏から参加している。言語も英語，フランス語の双方が公用語で，学問上はそれで全く問題は起こらない。ところが，一旦学問を離れて日常的な生活に関わることになると，英仏それぞれの「文化的」な差異からくる軋轢《あつれき》が常に起こり続けていた，というのが，たまたまその研究所にいた日本人の観察であった。

この観察は，科学の世界は，日常的な文化からは一応独立している，という私たちの結論を，正確に裏付けるものであろう。

（村上陽一郎『文化としての科学／技術』岩波書店）

1．科学には英仏どちらの文化からも拘束される面があるということ
2．科学は無国籍性を持つからこそ，発展を続けられるということ
3．科学という共通の目的があれば文化的軋轢を乗り越えられるということ
4．科学と，研究者たちの固有の言語や文化とは関係性が薄いということ

VIII　次の文章で，筆者が最も言いたいことはどれですか。　**8**

知識を得ようとする場合，或る人は，常識の範囲で，浅く広く知りたいと思う。多分その人は，多くの人と附き合って行く上で，餘り何も知らないのでは，話の相手も出来ないし，第一，そのために嘲笑され，軽蔑されてしまう。軽蔑されないための知識，ひょっとするとそれを知っていたために点を稼げるかも知れないと密かに想うような知識も，時には結構ではあろうけれども，それがはっきり判ると寂しくなる。

本当は，知りたい気持は目的などを持つ筈がない。それだけの欲である。だからここまでで充分だという限界がない。

（串田孫一『雑木林のモーツァルト』時事通信社）

1．知識を持っていないと，相手から軽蔑されることがある。
2．知識欲は本来純粋なもので，何の目的も持たない。
3．目的があって得る知識の中にも役に立つものがある。
4．知識の有無で，人の価値を測ってはならない。

IX　次の文章の内容と合っているものはどれですか。　**9**

私は，宗教というものも，ひとつの想像力の所産だと思っている。物語をつくり，つくり出した物語を信ずるという，その〈信〉にすべてがかかっている世界なのだ。神話も伝説も，すべてそのようなものであることに変りはない。

聖典や経典の中に描かれている物語が，いかに真実であるかを歴史的・科学的・論理的に説明する人もいるが，説明すればするだけ真実味がうすらいでくる。「不合理ゆえに我信ず」というようなものこそ，本当の〈信〉ではあるまいか。

むかしの人は，実に手のこんだやりかたでその世界を想像し，それを目に見えるように，ことこまかに描写した。人びとは素直にそれを信じ，その世界に自分が再生することを願った。

宇宙のビッグバンから遺伝子の世界まで，すべては人間の想像力による物語だ，と，私は思っている。科学は物語とはちがうという説は，ほとんど現代では成り立たないだろう。科学もまた人間が信ずる物語のひとつなのだから。

（五木寛之『退屈のすすめ』KADOKAWA）

1．科学は物語ではないが宗教は物語である。
2．科学は物語であるが宗教は物語ではない。
3．科学も宗教も想像力の所産である。
4．宗教と想像力から物語は生まれた。

X　次の文章で，筆者は，タヌキという動物についてどのように述べていますか。 **10**

そら寝のことを「タヌキ寝入り」などというが，タヌキは実際，そんな芸当をするらしい。犬に追われて進退きわまったようなとき，やにわにゴロリとひっくり返る。気絶しているようでもあれば息絶えたようでもある。*得たりやおうと犬が噛みついても，やはりグッタリしている。引きずられたり，振り回されても，ダラリとしたまま。

犬が拍子抜けして放り出すと，そのままドタリところがっている。実のところ薄目をあけてうかがっているらしく，ころ合いを見はからってモゾモゾと動き出す。気配を感じて犬が振り向くと，またもや白目をむいてひっくり返っている。

タヌキ本来の習性だと考えられてきた。いたって小心者で，恐怖に襲われると失神してしまう。正気にもどると逃げ出すわけで，故意のそら寝ではないというのだ。しかし近年の研究によると，タヌキの生きる知恵に類するもので，危険を察知したときなど死んだふりをするが，その間にも脳はちゃんと動いている。それが証拠に敵の油断を見てとると，一目散に逃げていく。

（池内紀『森の紳士録』岩波書店）

＊得たりやおう：物事が自分に都合よく運んだときに喜び勇んで言う言葉

1．タヌキは恐怖を感じると体の制御ができなくなり気を失う。

2．タヌキは全く痛みを感じないので犬に噛まれても動かない。

3．タヌキは身を守るためにあえて演技で寝ているふりをする。

4．タヌキは敵のすきを見計らって攻撃をするために気絶する。

このページには問題はありません。
次のページに進んでください。

XI　次の文章を読んで後の問いに答えなさい。

外部社会が科学という知的活動を認知するようになった，ということは，決して，社会がそれを社会全体の共有財産として「活用」し始めた，ということを意味しない。

もともと科学者たちを研究に駆り立てている主たる動機は，自らに内発する好奇心であり，それを満足させる行為として研究活動がある以上，科学というのは，基本的に，科学者の共同体の内部で自己完結する行為である。自分たちが面白いと思うことを研究テーマに選び，研究の結果が得られれば，それを面白いと思う人々だけが満足する。そうした自己閉鎖的で自己完結的な活動が，本来科学なのである。

科学者の書く論文は，自分の属する科学者共同体の内部構成員のみを読者として想定しており，そこで新しく生産された知識は，科学者共同体の内部において蓄積され，あるいはその内部においてのみ流通し，相互に消費される。評価もまた「同僚」以外には下すものがいない。

化学だけをほとんど唯一の例外として，科学者共同体の内部で生産された知識が，直接外部社会に活用されて，何らかの利得を生み出すというようなことは期待もされなかったし，科学者の側も，社会から研究資金を引き出そうとするときに，戦略として多少そうした「活用可能性」をほのめかしたとしても，それは本気とは言えなかった。

外部社会の方も，科学者の側の慎しい資金援助の要請に応えるだけの度量は備えていた。二〇世紀に入ると，財団や一部の国家政府は，科学研究に援助のための資金を投じるようになる。しかしそれは，そこで生産された新しい知識を特定の目的のために利用・活用しようとする下心あってのことというよりは，芸術活動を支援するのとほとんど同じ原理に則ってのことであった。

（村上陽一郎『文化としての科学／技術』岩波書店）

問1　筆者によると，科学を社会の共有財産として「活用」している例として最も適当なものはどれですか。 **11**

1．科学論文
2．財団
3．芸術活動
4．化学

問2　科学について，この文章の内容と合っているものはどれですか。 **12**

1．科学者は役に立つ知識を提供したいという欲求から研究活動をしていた。
2．国家が科学に投資をするときは，多くの場合見返りを求めていた。
3．もともと，科学は仲間の間だけで流通している排他的な知だった。
4．科学者の中には研究資金を得るべく活用できる科学を研究する者がいた。

XII　次の文章を読んで後の問いに答えなさい。

現在，言語学の研究対象は世界中のいろいろな言語の記述と分類，音声や文法のしくみ，ことばの使われ方，それらの歴史的変遷といった，人間言語のあらゆる側面に拡がっている。

そこでいま，言語学を定義しろと言われれば，それは（　A　）を研究する学問である，とでも答えるしかない。

ところがここに一つの落とし穴がある。それは人間の言語の仕組みや働きをよく知ろうと思って，言語そのものをいくら詳しくまた手広く研究してみても，そもそも世界のどの言語にも，またいつの時代の言語にも，すべて初めから備わっている要素や性質は，それらがあまりにも基本的で当り前であるために，なぜ，どうして，という疑問の対象とされず見過ごされてしまう傾向があるということである。

たとえば人間の言語の実体は，いついかなるときでも，空気の振動つまり音声である。文字や書物などが現代生活の中に占める重要性は，たしかに昔とは比べものにならぬほど大きくはなっているが，それでも人間の言語の，何百万年という長い歴史から見れば，それは問題にならぬほど小さい。

だからこそ，言語の研究対象は音声言語に限るべきだと，かつてアメリカの言語学者たちが主張したのも，あながち言い過ぎとは言えないのである。

しかしこのように，ほとんどすべてが音（声）で出来ている人間の言語だけを考察の対象にしていると，一体どうして人間は音波を伝達の手段として使うようになったのだろうか，もし言語の素材が音でなかったら，どのようなことになるだろうかといった疑問は，先ず起こってこない。

（鈴木孝夫『教養としての言語学』岩波書店）

問1　（　A　）に入るものはどれですか。　**13**

1．動物及び人間の言語に関わるすべての内容
2．各言語の文法に絞って使用方法
3．人間の言語の実体である音声
4．人間のことばに関するすべて

問2　言語学についての，筆者の考えを示しているものとして，最も適当なものはどれですか。　**14**

1．アメリカの言語学者が音声言語に研究を絞ったのは大きな間違いである。
2．言語に元来備わっている要素や性質が疑問の対象ではないのは，問題である。
3．音声言語は，現代社会の特徴と言える文字に比べて歴史的な重要度が高い。
4．文字の重要性は現在に至るまで変化しておらず，現在でも音声言語より重要である。

XIII　次の文章を読んで後の問いに答えなさい。

イギリスの小話に，ラグビーのボールを追っている選手を見てもおかしくないが，帽子を風に飛ばされて追っかけている紳士を見ると，*滑稽だ，というのがある。

この話は，ラグビーのボールを追うのはおもしろくないといっているが，つまらぬものだったら，ラグビーを見に行く人はないだろう。実際はスタンドを埋めつくすほどの観客を集めるのは，ボールを追いかけるラグビーがおもしろいからである。

泥まみれになってボールに食いつく選手にしてみればラグビーはおもしろいものではない。少なくとも観客のようにたのしむことはできない。観客は，まったくの傍観者だからおもしろいのである。わが子がプレーしているのでは，ハラハラしても高みの見物のたのしみはない。赤の他人ならボールを追っている選手を心やすらかに眺められる。おもしろいと思うこともでき，それは，帽子を飛ばされた紳士のおかしさと大した違いがない。

ただ，ラグビーのボールはキャッチすべきものであるのに，風に吹き飛ばされた帽子は本来かぶるもので，追っかけるものではない。追っかけるのにはそれだけ意外感があり，それがおもしろい，ということはできる。しかし，おもしろいのは傍観者であって，当人ではないことは，ラグビーと共通している。一方がおもしろく，他方がそうでないように云うのは筋が通らない。

見落としてはならないのは，ものごとは，それ自体，すこしもおもしろくなくとも，離れたところから見るとおもしろくなる。“おもしろさ”の座標というものを想定するのが妥当であるように思われる。

（外山滋比古『第四人称』みすず書房）

＊滑稽：笑いの対象になる，おもしろいこと

問1　筆者によると，ラグビーのボールを追っている選手を見てもおかしくないのに，帽子を追いかける紳士を見ておもしろいと感じるのはなぜですか。 15

1．紳士に対して，優越感を感じることができるから
2．多くの人が体験したことがあり，共感できるから
3．起こっている状況が予想していなかったことだから
4．紳士の姿を離れた場所から見ているから

問2　筆者によると，ラグビーの試合をおもしろいと思って楽しめるのは，どの人ですか。 16

1．選手の両親
2．スタンドにいる傍観者
3．ラグビーに興味がない人
4．競技場でプレーしている選手

XIV　次の文章を読んで後の問いに答えなさい。

実際のところ社会変化と技術とは，相互作用の関係にあることは間違いない。社会に定着することで，技術側への需要も変化するからである。九〇年代においてネットワークが普及するだけの素地は，それ以前の時点で芽生えていたと見るのが自然である。

では，どういう契機があったと考えられるだろうか。

まず第一に，電話の浸透という要素をあげてみたい。八〇年代の時点で，電話はすでに個人の他愛もないおしゃべりの道具として使われる割合が多くなっていた。電話は気晴らしや時間つぶしの道具となったのである。それ以前にも電信や手紙などのパーソナル・メディアはあったが，顔の見えない状態で頻繁かつ密接なコミュニケーションを交わす習慣を浸透させたのは電話である。そして八五年の通信自由化以来，伝言ダイヤルや*パーティーラインをはじめ，電話にも多様なサービスが増えた。多様なサービスや端末の浸透自体も，それ以前のさまざまな習慣や遊びを契機にしたものであるが，**ポケットベルや携帯電話などの浸透により，「ベルとも」のような交流形態を生み出すようになった。

第二に，コンピュータで遊ぶ習慣の拡大に注目したい。七〇年代から八〇年代にかけて，八ビット時代のパソコンが，そして任天堂のファミリー・コンピュータ（ファミコン）が家庭にコンピュータ・ゲームをもたらした。もちろんこれについても，スペース・インベーダー・ゲームのブームをはじめ，多くの伏線が存在していたことは間違いないが，コンピュータというハイテクに「日常的に遊ぶ道具」という意味づけが定着したのは，この時代のことである。

（江下雅之『ネットワーク社会の深層構造』中央公論新社）

＊パーティーライン：複数人でしゃべることができる電話回線

＊＊ポケットベル：小型の無線受信端末

問1　下線部「九〇年代においてネットワークが普及するだけの素地」の内容として，適当でないものはどれですか。 **17**

1．コンピュータで遊ぶ習慣の拡大
2．通信の自由化によるサービスの多様化
3．新しい交流形態の出現
4．職場へのコンピュータの導入

問2　この文章の内容と合っているものはどれですか。 **18**

1．電話を気晴らしや暇つぶしに使うようになったのは通信の自由化以降である。
2．ファミコンの出現は，コンピュータの位置づけに大きな変化をもたらした。
3．コンピュータの出現によって，社会変化と技術は相互作用の関係を失った。
4．八〇年代以前には，パーソナル・メディアと呼べるものは存在しなかった。

XV　次の文章を読んで後の問いに答えなさい。

① ノーベル自身には家族はなかった。その意味では，死を看取る者もなく，寂しい死であった。そして，彼には遺言があった。一八九三年の日付のある遺言書は，死後サン・レモの自宅で発見されたが，銀行に預託されていた九五年の遺言書が公開されて，前者の法的効力は無くなった。この正式の遺言書は，九六年六月に銀行に預託されたと考えられており，死の半年前に，すでに彼は死期を悟っていたかのようである。第一の遺言書でも，賞の設立の構想が描かれているが，まだ内容も金額も中途半端である。しかし，最終かつ正式の遺言状では，ロシアも含めてヨーロッパ諸国に散在する遺産の五パーセント強を残して，残りのすべてが賞の設立・運営に回されており，このため遺族から訴訟が起こされたりもした。また，新しい基金やそれを運営するための財団の設立という厄介な仕事は，これも遺言によって，仕事上の助手であったソールマンとリイェクヴィストという二人の人物が指定された。ここにノーベル賞が動き出したのである。

② 賞に関するノーベルの遺言は以下のようであった。基金の利子は，前年度に人類に最高の貢献をしたと考えられる人々に五等分して，毎年与えられる。第一は，物理学の領域で最も重大な発見もしくは発明をした人，第二には，化学の領域で最も重要な発見もしくは改良をした人，第三に，生理学・医学の領域で最も重要な発見をした人，第四に，文学において，理想主義的な性格の最も優れた創作を行った人，そして第五に，国家間の友好，軍備の廃止もしくは軍縮，平和会議の開催や推進などのために，最も優れた仕事をした人，これらの人々が，この基金が与える賞に値する人々，ということになる。

（村上陽一郎『文化としての科学／技術』岩波書店）

問1　一八九三年の日付のある遺言書と，一八九五年の遺言書の違いは何ですか。 **19**

1．ノーベルの直筆であるか，否か
2．賞の設立に関する記載があるか，否か
3．遺言書の所在が銀行であるか，否か
4．法的に効力を持ったことがあるか，否か

問2　第一段落（①）と，第二段落（②）の内容として，最も適当なものはどれですか。 **20**

1．①賞設立の経緯　②賞の具体的内容
2．①賞が与えられる条件　②賞が世界に与える影響
3．①ノーベルの功績　②賞が与えられる条件
4．①ノーベルの死　②賞設立の経緯

XVI　次の文章を読んで後の問いに答えなさい。

雨を見ていて面白《おもしろ》い経験をしたことがある。絵の中で雨を線で描《か》くのは日本人だけらしい。ゴッホが模写した有名な広重《ひろしげ》の雨の絵もそうなのだが，雨を線であらわすというのはヨーロッパ人には新鮮《しんせん》だったらしい。これはもちろん大人になってから知ったことだ。認知学の方でも，雨を線として見るのは日本人独特の認識なのだと言っている。これはおもしろいことだ。欧米人《おうべいじん》には雑音としてしか聴《き》こえない虫の音が，日本ではすごく美しい音《ね》色《いろ》に聞こえたりする感覚と，どこかで通じているのではないかと思う。

ぼくも，雨というのはそもそも細い水の線になって落ちているものだと思っていた。あの水の線はどこまで繋《つな》がっているのだろうかと不思議だった。ところが，あるとき先生に「雨は本当は線ではない。水の粒が落ちてきているんだ」と教わった。でもなんとなくそれは納得《なっとく》がいかなかった。雨を見ていると，どうみても線に見える。線に見えるのに粒だとは，どうも納得がいかなかった。

…（略）… そのときふと，頭に「万有引力」のことが浮かんだ。雨が落ちているんだから，自分もいっしょに落ちたら雨粒が見えるかもしれない。友だちとの話が途中《とちゅう》なのに，「そうだ！」と思いついて，パッと飛び上がった。体ごと飛び上がってすっと落ちたら，目の前に見えている雨が一瞬《いっしゅん》止まって，全部が点になった。あれは綺麗《きれい》だった。「ああ，やっぱり水滴なんだ」と納得した。

（赤瀬川原平『目玉の学校』筑摩書房）

問1　下線部「頭に『万有引力』のことが頭に浮かんだ」とありますが，このとき，筆者はどういうことを考えたのですか。 **21**

1．万有引力によって雨が縦に引き伸ばされ，雨が線に見えるのだ。
2．万有引力は，飛び上がってから落ちることでより強く身体に働く。
3．万有引力で雨と一緒に自分も落ちてみれば，雨の正体が分かる。
4．万有引力が働くことによって，雨が空の上から地面に降り注ぐ。

問2　筆者の考えと合っているものはどれですか。 **22**

1．日本人が雨を線と認識するのは，大人になってからである。
2．日本人は独特の感覚を持ち，雨や虫の音の捉え方が欧米人と違う。
3．雨は，線よりも水滴と捉えて描くほうが綺麗である。
4．日本人が雨を線で捉えるのは広重の影響を受けているからである。

XVII　次の文章を読んで後の問いに答えなさい。

遊ぶ，ということは，たしかに大事なことです。いや，大事なことであるから遊ぶのが人間の義務だ，などと言う気持ちはありません。人間はおのずから遊ぶのです。

（　A　），いま私たちは遊びを知らない人種として外国から批判され，もっと遊べ，と脅迫され，そして一体どのように遊べばよいのかということを，営々と時間をかけて論議し，討論している。そんな滑稽《こっけい》なイメージがうかんできます。〈世界が遊べと言っている〉という言葉には，そのような外圧にさらされた日本人の，無意識のうろたえぶりが反映しているのではないでしょうか。

よけいなお世話，と言ってしまってはちょっとまずいことになりそうです。（　B　），巨大な企業のもとでたしかに労働者たちは，非人間的な労働を強いられている事実があるからです。

フリーアルバイターとか，はなやかなカタカナ職業の人びとが，もてはやされているこのときも，一方では日本を代表するようなメーカーの下請け，孫請け企業では身をけずるような労働がつづいているのです。

労働時間の短縮はまず下に厚く，そして一流企業，巨大企業のエリートに対して薄く実行されるのが本当でしょう。給与の格差や劣悪な労働条件が改正されるのが先で，日本人みんなに一様に遊べ遊べとすすめるのは，おかどちがいというものです。看護婦さんたちの労働状況にしても，また老人介護の分野にしても，大事な仕事があまりにも日のあたらないまま放置されているのです。

（五木寛之『生きるヒント』角川書店）

問1　（　A　），（　B　）に入るものの組み合わせとして，最も適当なものはどれですか。

23

1．A：にもかかわらず　　B：なぜならば

2．A：だから　　　　　　B：なぜならば

3．A：にもかかわらず　　B：しかしながら

4．A：だから　　　　　　B：しかしながら

問2　下線部「そんな滑稽《こっけい》な」と筆者が考える理由として最も適当なものはどれですか。

24

1．日本人より外国の人の方が遊ばずに仕事ばかりしているから

2．日本人はうろたえるばかりで，外圧に屈しない方法を考えないから

3．本当は，外国人よりも日本人の方が遊び方をよく知っているはずから

4．遊びは自然なことなのに外圧を受けてわざわざ議論するのは奇妙だから

問3　筆者は，日本の労働についてどう述べていますか。　25

1．フリーアルバイターは非人間的な労働を強いられている。

2．すべての日本人は大事な仕事をしている。

3．看護や介護の仕事は軽んじられている。

4．メーカーの下請け企業では労働時間が大幅に削られている。

第6回の問題はこれで終わりです。
解答・解説はp.334を参照してください。

第7回

実戦問題

解答時間 70分

正解と得点分布図確認

QRコードを読み取ってオンライン解答用紙に解答を記入し、正解と得点分布を確認してください。

記述問題

説明

記述問題は，二つのテーマのうち，どちらか一つを選んで，記述の解答用紙に書いてください。

解答用紙のテーマの番号を○で囲んでください。
文章は横書きで書いてください。
解答用紙の裏（何も印刷されていない面）には，何も書かないでください。

記述問題

以下の二つのテーマのうち，どちらか一つを選んで 400〜500字程度で書いてください（句読点を含む）。

1．

会社のメンバーの中には，専門的《せんもんてき》な知識《ちしき》を多く身につけ，その分野《ぶんや》でのプロフェッショナルとして活躍《かつやく》するタイプの人もいれば，分野を限定《げんてい》しない幅広《はばひろ》い知識をつけて会社全体を見まわせる，ゼネラリストタイプの人もいます。

会社にとって良いメンバーとはどのような人だと思いますか。上の二つのタイプに触れながら，あなたの意見を述べなさい。

2．

進学《しんがく》する大学を選択《せんたく》する際《さい》には，自分が学んでいきたいことを詳《くわ》しく学べる大学を選ぶという選択方法もあれば，世間《せけん》からの評判《ひょうばん》が良く名声《めいせい》のある大学を選ぶという選択方法もあります。

大学を選択する際には，どのようなことを考慮《こうりょ》して大学を決めるのがよいと思いますか。上の二つの選択方法に触れながら，あなたの意見を述べなさい。

読解問題

説明

読解問題は，問題冊子に書かれていることを読んで答えてください。

選択肢１，２，３，４の中から答えを一つだけ選び，読解の解答欄にマークしてください。

I　（　A　）に入るものとして，最も適当なものはどれですか。　**1**

クモに対して気味悪いという印象を持っている人が多い反面，われわれの身近なところで生活を営んでいるクモに対する人々の関心も，けっこう高いことがわかります。特に，クモの巧妙な動きを見ていると，われわれ人間はその神秘さに驚いてしまうことがあります。なんと不思議でミステリアスなのでしょうか。

地球は，約四六億年前に太陽系の惑星の一つとして誕生しました。その後，生命は約四〇億年前から三八億年前の間のどこかで誕生したといわれています。生物は海の中に発生しましたが，四億年前には脊椎動物が上陸したとされます。その頃に，クモも現れてきたといわれています。このように，クモは極めて長い進化の歴史を持っているのです。ところが，人類はたった四〇〇万年の進化の歴史を持っているにすぎません。

人類と比べて（　A　）を持つクモは，その進化の過程で厳しい自然環境の中を死と直面しながら，糸を通じて生きのびるためのクモ独特のしくみを作り上げてきたものと思われます。どのような種類のクモがいるのかを調べるとともに，クモの不思議なしくみと糸の性質を調べてみることは非常に興味深いものです。

（大﨑茂芳『クモの糸の秘密』岩波書店）

1．はるかに長い進化の歴史
2．適応能力に欠ける体のしくみ
3．わずかに短い進化の歴史
4．海中生活に適した体のしくみ

II　次の募集案内の内容と合っているものはどれですか。　**2**

新入生歓迎イベント参加者募集

今年度の歓迎イベントを下記の通り開催いたします。手作り餃子で楽しくお昼ご飯を食べながら親睦を深めていきましょう。多くの皆さんの参加をお持ちしております。

記

1．日時：５月18日（土）　９時20分～17時
※雨天の場合，11時10分に大学駐車場に集合後，餃子パークへ向かいます。

2．行程内容

時間	場所	内容
9:20	高田大学校門前	集合
9:40	高田大学駐車場	バス出発
10:00～11:00	緑岡さくら公園	交流会
11:30～14:30	餃子パーク	餃子の手作り体験
15:00～16:00	高田科学博物館	プラネタリウム見学
17:00	高田大学校門前	解散

3．参加に必要なもの：学生証

4．応募方法：イベント開催日の３日前までに，メールの件名を「新入生歓迎イベント参加」とし，本文に，①氏名，②学部，③学籍番号，④学年（参加は大学・大学院１年生のみ），⑤電話番号を明記の上，下記のメールアドレスに送信してください。
shinkan-event@xxx.com

5．定員40名（定員を超えた場合，抽選結果を前日にお知らせします）

1．参加者は昼食を緑岡さくら公園での交流会で食べる。

2．雨が降った場合も，内容を変更せず実施する。

3．参加したい人は５月15日までにメールで申し込む。

4．大学１年生だけがこのイベントに参加できる。

III　下線部「自明性の罠からの解放」とはどういうことですか。　**3**

自分自身を知ろうとするとき人間は鏡の前に立ちます。全体としておかしくないか，見ようとするときは，相当に離れたところに立ってみないと，全体は見ることができない。自分の生きている社会を見るときも同じです。いったんは離れた世界に立ってみる。外に出てみる。遠くに出てみる。そのことによって，ぼくたちは空気のように自明（「あたりまえ」）だと思ってきたさまざまなことが，〈あたりまえではないもの〉として，見えてくる。演劇の好きな人は，「異化効果」という，ブレヒトの言葉を思い出すでしょう。社会学，特に比較社会学の意味は，ぼくたちが生きていく上で「あたりまえ」だと思い込んでいるさまざまなことを，〈あたりまえではないもの〉として，新鮮なもの，異様なもの，驚きに充ちたものとして，見せてくれるということです。社会学のキーワードでいうと，〈自明性の罠からの解放〉ということです。

（見田宗介『社会学入門』岩波書店）

1．新鮮だと思っていたことが，実はあたりまえのことだったと知ること
2．当然と思っていたことを，新鮮なものとして体験すること
3．離れた場所では見えなかったものが，近づくと見えるようになること
4．自分自身を知らなければならないという義務感から逃れること

IV　次の文章の内容と合っているものはどれですか。　**4**

中国の王様とかいろんな人たちは，不老不死の薬を求めたり，不思議な力でそれを延ばせないかというふうにたいへん努力したようですが，結局，人間というのはながくても百歳をこえることは稀《まれ》であって，百数十年の後にはいずれにしても強制的にこの世を去らなければならない。期限というものがある。自分は二百年生きたい，わたしは三百年生きたいと言っても，できません。これはどんなに優れた人でもできません。王様でも，お金があっても，権力があっても，できない。

つまり，人間というものは，第一，生まれてくる条件を何ひとつ選択できない。第二に，生まれて生きてゆく最終目標，終着駅を選択できない。敷かれたレールの上を走っていかざるを得ない。第三に乗車期間が限られている。この三つのことをまざまざと目に見えるように感じたとき，人間というものは無意識の暗い想いに駆られるのではないかというふうに考えます。

そして，実はそのことを人間はよく意識すべきだというのが，今のぼくの考え方なんです。

（五木寛之『生きるヒント』角川書店）

1．生や死は不可避なので考えても仕方がない。
2．生きることの最終目標は，自ら選ぶことができる。
3．年を取るほど，死を恐れなくなり精神は自由になる。
4．生きることはそもそも，不自由なことである。

V　次の文章で，「エスカレーター」とはどのようなことを表していますか。　**5**

就職とはつまるところ，企業に入ることである。企業はたとえていえば，エスカレーターのようなもの。多くの人が目ざすエスカレーターは混んでいて，おいそれと乗ることができない。乗り口のところに列ができる。早くしないと，乗れないとあせる人たちがおし寄せるから，長い列になる。しかし，いったん乗ってしまえば，あとはよほどのことがない限り，自動的に上へあがっていく。働かず，休まず，悪いこともせず勤めていれば，自然にえらくなる。前の人を追い越すのは難しいかわりに，あとの人に追い越される心配もしなくていい。人生，エスカレーターに限る。志望者がふえるわけだ。うかうかしないでも，乗りそこねるのが続出するから，就活は人生の大事となる。

（外山滋比古『「マイナス」のプラス』講談社）

1．人生は，いつ何が起こるかわからないということ
2．競争することなく，自然に出世できるということ
3．一度決めたことは最後までやり通すということ
4．目標を決めてしまえば生き方が定まるということ

VI　次の文章の（　Ａ　）に入るものとして，最も適当なものはどれですか。　**6**

悲しむことを忘れた人間に，本当のよろこびが訪れるわけはないとぼくは思います。

今はハードボイルド小説の手《て》垢《あか》のついたキャッチフレーズのようになってしまった，

「優しいだけでは生きてゆけない。だが，優しくなくては生きている値打ちがない」

という言葉には，古き良きアメリカの，悲しみを忘れぬ精神が感じられるではありませんか。

「悲しいではないか」

と，顔をあわせるやいなや，思わず声を発せずにいられなかった昔の青年たちのほうが，暗さを恐れる現代の若者たちよりも，はるかにいきいきと頼もしく感じられるのです。

昔は良かった，と言っているわけではありません。ジョークや，かろやかさをつまらないと言っているのでもない。

ただ，私たちは，（　Ａ　）と思うのです。

暗いものを暗いと感じ，悲惨なものを悲惨と見，そして怒るときは怒り，その気持ちを率直に友人や家族たちにぶちまけて悲《ひ》憤《ふん》慷《こう》慨《がい》するような，そんな人間のありかたのほうが，魅力的に感じられるだけです。

（五木寛之『生きるヒント』角川書店）

1．優しさを失った人間にだけはなってはいけない

2．悲しみに打ちひしがれた暗い人間にだけはなってはいけない

3．悲しみを何でもぶちまける人間にだけはなってはいけない

4．悲しむべきときに悲しまない人間にだけはなってはいけない

VII　日本のワザの伝達方法の内容として，最も適当なものはどれですか。　**7**

日本のワザの伝達方法はどうだったか。アフリカの内婚集団のような現実の血縁関係で必ずしも結ばれてはいない，親方と弟子，兄弟子と弟弟子という，血縁でないだけにかえって厳しい，擬制《ぎせい》的親族関係のなかでの，しばしば住み込みの総合的な修業として，かなり個別のタテ型の伝達方式だったといえるだろう。

親子兄弟という実際の親族関係になぞらえた，こうした擬制的な親族関係は，職人に限らず，芸事の師弟関係や集団形成の原理として，日本ではかなり広く活用されてきたものだ。師匠は弟子にわかりやすく教えるのではなく，弟子はそれこそ師匠の身辺の世話や，家の雑巾がけ，炊事，風呂焚きをしながら，師匠の人柄や生活態度全体から自主的に学びとり，師匠から芸やワザを「盗んで」修業すべきだとされる。

（川田順造『もうひとつの日本への旅』中央公論新社）

1．実際に血縁関係のある親が，子に分かりやすく教える。

2．実際に血縁関係のある親を見て，子が自主的に学び取る。

3．親族関係を擬制した集団を作り，経験者が経験の浅い者に丁寧に教える。

4．親族関係を擬制した集団の中で，経験の浅い者が自ら学び取る。

VIII　次の文章で，筆者が最も大事にするべきだと述べているものはどれですか。 **8**

人間は，自分で生きているつもりでいても，自分だけで生きているのではない。一個の人間として生きるために，気がつかないところで大きなエネルギーを消費しながら，今日一日を生きているのです。そう考えますと「生かされている自分」と言うことすらおこがましい気がしてきます。

「生きている」。それだけで十分なのではないのか。

もちろん生きる目的や目標を持ち，何かを達成することは素晴らしいことだと思います。しかし，達成できなくても素晴らしい，そう考えてほしいのです。

私たちは生きているだけで価値のある存在です。生きるというだけですでに様々なことと闘い，懸命に自己を保ち，同時に自然と融和している。悩みのたうちながら，毎日を生き抜いている。そんないのちの健気《けなげ》さを思うと感動を覚えます。まずあなたのいのちの健気さを，自分自身で認めてあげてほしいと思うのです。

（五木寛之『ただ生きていく，それだけで素晴らしい』PHP研究所）

1．生かされていることに感謝すること

2．懸命に生きていると認めること

3．目標を持って生きていくこと

4．自分ひとりで生きていくこと

IX　日本と異文化との関わりについて，筆者が最も言いたいことはどれですか。　**9**

今でも時々聞かされることだが，ひと昔前には，日本人は模倣が得意で，外国のものを何でも巧みに取り入れるが，独創性に欠けるという批判がさかんに行なわれていた。たしかに日本は，古代以来大陸中国から，そして近代になってからは西洋から，多くのものを学び，受け入れて来た。だが，異文化の受容がある意味では模倣にほかならないとしても，そのことがただちに独自性の欠如と言えるかどうかは，また別の問題であろう。模倣と言っても，そのやり方はさまざまである。日本は先進文明の成果を何もかもすべて取り入れたわけではない。当然知っているはずでありながら，受け入れを拒否したものも少なくない。つまり受容にあたって，何らかの選択的判断が働いていたことになる。とすれば，そこに相手国とは違う日本の独自性を見ることができるのではないか。

（高階秀爾『日本人にとって美しさとは何か』筑摩書房）

1．日本が異文化を吸収する様子は，かつて海外から批判を浴びた。
2．日本は，古代から異文化を受容することで文化を形成してきた。
3．日本は，意図的に独自性を捨てて異文化を受容し，模倣した。
4．日本は，独自の価値観によって異文化を取捨選択してきた。

X　次の文章の内容と合っているものはどれですか。　**10**

名画というやつは，どれもさすがにものすごいエネルギーを持っている。一点見るだけでも，はっきり言って疲れる。疲れないのは，ちゃんと見ていないからだ。そういう名画を次から次へと見てまわると，そのうちに頭がぼうっとなってくる。

私はこれを，目が脂ぎってくる，という言い方をしている。目が脂ぎってくると，つぎに素晴らしい作品を見ても本当に感動するということがない。曇《くも》りガラスを通して風景を眺めているようなぼんやりした感じになってくるのだ。

そういうときは，とりあえず窓のそばへいって一呼吸入れるといい。ガラスごしに外の景色を眺める。*内庭のひっそりしたベンチの上に静かにとまっている鳩を見る。ネヴァ河の上を音もなく流れていく白い流氷を見る。**雲《くも》間《ま》からふりそそぐレンブラント光線の中で金色に輝く尖塔を見る。

そんなふうにして外の風景を見ることで目を洗う。脂ぎった目を洗い流すのだ。そうすると不思議なことに，ふたたびエネルギーにみちた強力な絵を見ようという元気が湧いてくるのである。

（五木寛之『退屈のすすめ』KADOKAWA）

＊内庭：建物に囲まれた内側の庭

＊＊雲間：雲の間

1．名画は短い時間に大量に見たほうがよい。

2．名画に疲れないことが鑑賞力がある証である。

3．名画を見ると不思議と元気が湧いてくる。

4．名画に疲れたら外の風景を見たほうがよい。

このページには問題はありません。
次のページに進んでください。

XI　次の文章を読んで後の問いに答えなさい。

人間のからだの使い方のかなりのものは，文化によって異なり，同じ文化内では共通する。…（略）…

たとえば，歩き方。西アフリカでしばらく暮らして，フランスを経由して日本に帰ってくる。二十代の終わりからいままで，私がくり返してきたことだ。成田に着くと，空港内のホールを客室乗務員の女性が何人か，お喋《しゃべ》りをしながら，ハイヒールのかかとを音を立てて床に引きずりながら歩いている。(1)ああ，日本に帰ってきたなと実感する。

パリの若い女性が，上体をまっすぐに立て，伸ばした足を蹴り出すように，カツカツと石畳に着地させて，かなり上下動のはげしいリズミカルな歩き方をするのを見てきたあと，日本の若い女性が，下駄をカランコロンと音を立てて引きずるように歩いているのを見ると，下駄がハイヒールに代わっただけで，幾世代も受け継がれてきた「あるく」というからだの使い方の基本は，変わっていないのではないかと思わずにいられない。

パリの前に私がいた，西アフリカ内陸サバンナではどうか。若い女性の大部分は頭に大きな荷物をのせ，上体は垂直に，大股でかなり速く，上下動がきわめて少ない歩き方をしている。上体が垂直で，上下に揺れないことは，頭に荷物をのせ，手で支えたりしないで歩くために必須の条件だ。…（略）…

(2)美容体操でも頭に本などをのせて歩く訓練をするというが，背筋を伸ばしていないとできない。西アフリカ内陸の住民は，前にも述べたように骨盤が著しく前傾しているので，頭にのせた荷の重さがまっすぐ下におりてくるのを支えるのに，体型としても適している。男女とも，幼いときから老年になるまで，日々頭上運搬をしているので，お年寄りの腰曲がりがほとんどない。

（川田順造『もうひとつの日本への旅』中央公論新社）

問１　下線部(1)「ああ，日本に帰ってきたな」と筆者が思った理由として，最も適当なものはどれですか。 **11**

1．日本人の女性が日本語を話していたから
2．女性の足音が日本人独特のものだったから
3．下駄の音がパリで聞いた靴の音と違ったから
4．客室乗務員の歩き方が美しくなかったから

問２　下線部(2)「美容体操」の歩き方と最も似ている歩き方はどれですか。 **12**

1．パリの女性がハイヒールを履いているときの歩き方
2．サバンナの女性が，荷物を持っている場合の歩き方
3．お年寄りの，体の一部が曲がっている場合の歩き方
4．日本人が下駄を履いているときの歩き方

XII　次の文章を読んで後の問いに答えなさい。

① 雪の降る国の生活はきびしい。毎年，寒冷に耐えて生きなくてはならない。自然，勤勉でよく働く，怠けていては生きていくことができないから，自然に質実剛健になる，それが伝統になると国の文化はいやでも進歩する。雪の降る国なら大丈夫，信用できるということになるのであろう。

② 日本は*そのころ，まだ，ヨーロッパではよく知られていなかった。地図を見ると，ずいぶん南国のように見える。南国は勤勉でないから文明も進まない，そういう思い込みのあるヨーロッパ人にとって，日本は信用できる国家とは思わなかったのである。

③ 雪が降るときいて，評価を一変させた。きびしい環境でしっかりした人間が育つという信念のようなものをもっているのである。一種の偏見かもしれないが，事実の裏付けがある。

④ 日本の国内でも南国よりも北の気候のきびしい地方の人の方が，おおむね，勤勉で，努力型が多いと考えられている。ことに雪の深い北陸に働きものが多いとされてきた。典型的なのは新潟の人たちである。越後の人は黙々と働く。我慢づよい。それで他国の人から一目置かれる気質をつくった。

⑤ かつて到るところにあった銭湯の下働きはきびしかった。冬でも夜半，客がなくなってから，風呂桶を冷水で洗う。生やさしい作業ではないから，馴れない温暖地育ちではひと月ともたなくて辞めてしまう。残るは越後から来た人ばかりになる。その忠勤ぶりが認められて主人の娘をもらって，後継ぎに納まるということになる。

⑥ ひところ東京の公衆浴場組合の幹部はすべて越後の出の人によって占められたという話である。それほどきびしい仕事をものともせず働く。苦しいことも我慢する。

（外山滋比古『「マイナス」のプラス』講談社）

＊そのころ：明治時代（1868年～1912年）

問1　下線部「評価を一変させた」とはどういうことですか。　**13**

1．寒い地域の人が，暖かい地域の人を信頼できると評価するようになった。
2．ヨーロッパの人が，日本を南国だと考えるようになった。
3．日本人が，越後の人を勤勉であると評価するようになった。
4．ヨーロッパ人が，日本を文明の進んだ国だと評価するようになった。

問2　第五段落（⑤）と第六段落（⑥）を通じて筆者が最も言いたいことはどれですか。　**14**

1．雪国の人々は，我慢強く，よく働き信頼されたということ
2．必死に働けば，主人の娘をもらって出世できたということ
3．寒い時期の銭湯の下働きは，厳しいものだったということ
4．雪国の出身者は結束が固く，排他的だったということ

XIII　次の文章を読んで後の問いに答えなさい。

ハイテク化されたジェット機の事故は，コンピューターと人間をつなぐシステムがいかなるものであるべきかを物語っているように思われる。人間は，間違いをしでかすとますます焦って間違いを繰り返す。しかし，ある瞬間にハタと間違いに気づいて修正しようともする。ところが，コンピューターは，人間が間違いを犯したことしか感知しないから，その前提のまま人間の修正を拒否してしまう。こうして人間とコンピューターが格闘するうちにジェット機は墜落してしまった，という事件が起きているのだ。

このような複雑な人間心理を完全にシミュレートすることは可能なのだろうか。私はむしろ，技術一辺倒にならず，ある一定部分は人間に任せきりにするシステムを工夫することの方が大事なのではないかと思っている。技術が人間を支配する流れに抗して，人間が技術へ課する制約を考慮すべきと言いたいのだ。所構わずケータイが横行し，クルマが大手を振って道路を占拠している事態を，「異常」だと捉える感覚のことである。

また，いくら高級な機能を持っていても，使う人間の能力以上に働くことがないのは，私のコンピューターを見ればわかる。一方的に技術が進歩しても人間が追いつかない限り，その技術は本来的に活かされたことにはならない。と言うと，常に人間は技術に追いつかねばならないような錯覚を持ってしまう。確かに，科学の世紀に生き，その技術化の成果を満喫している私たちだから，そうあるべきだと思うのも無理はない。しかし，そこに落とし穴が隠れているように思えるのだ。

（池内了『転回期の科学を読む辞典』みすず書房）

問１　下線部「私のコンピューターを見ればわかる」とはどういう意味ですか。　15

1．筆者にとってコンピューターの機能が物足りないということ
2．筆者がコンピューターの機能を持て余しているということ
3．筆者にとってコンピューターの価格が高いということ
4．筆者は，コンピューターとは無関係の仕事をしているということ

問２　筆者が問題だと述べていることはどれですか。　16

1．人間は，間違いに気づくのに時間を要するということ
2．技術の肥大化を異常だと捉えながら，歯止めをかけないこと
3．コンピューターは人間の心の中を完璧には模倣できていないこと
4．技術を制御するのは人間であるはずが，逆転現象が起きていること

XIV　次の文章は，本の「まえがき」です。これを読んで後の問いに答えなさい。

フランスからやって来た友人と，新幹線で京都に向かっていた時のことである。その日は一応晴れていたが，富士山のあたりは厚く*靄が立ちこめていて，山の姿はまったく見えなかった。日本がはじめての友人は，半ば冗談めかして，富士山なんてほんとうはどこにも存在していないのではないか，と言った。それに対して私はとっさに，「いや，彼女はとても気紛れなんだよ」と応じたが，その時の友人の反応が面白い。彼は驚いたように，「富士山は女性なのか」と反問して来たのである。言われてはじめて気がついたのだが，フランス語の「モン・フジ（富士山）」は，モン・ブランやモン・サン・ミシェルと同じく，男性名詞である。私もフランス語で話している時は，当然男性形の「モン・フジ」と言っていたのだが，**富士山のイメージとしては，何となく優美な女性像を思い浮かべていたらしい。…（略）…

だが，ヨーロッパでは話が違う。西欧世界では，古代ギリシャ以来，「山の神」は，雷神，風神，河の神などと同じく男性像としてイメージされ，絵画においてももっぱらたくましい男性の姿で表現されてきた。私が富士山を「彼女」と呼んだことに友人が驚いたのは，おそらくそのような文化的背景があったからである。

人は自分の顔を直接見ることはできない。鏡に映してはじめて，その特徴を捉えることができる。鏡のなかの姿は，自分であると同時に，外からの，他者の視点からの姿である。美術（建築，絵画，工芸）や文学（物語，詩歌，演劇）などの芸術表現も，異文化（例えば西欧文化）の視点を受け入れ，それと対比することによって，いっそうよくその特質を明らかにすることができるであろう。

ここに集められたさまざまの文章は，そのようないわば複眼の視点による日本文化論である。

（高階秀爾『日本人にとって美しさとは何か』筑摩書房）

＊靄：空気中の水滴やちりなどによって，視界が悪くなる現象

＊＊富士山のイメージ：日本では，「山の神」は女性像としてイメージされることが多い

問1　下線部「言われてはじめて気がついた」とありますが，筆者は何に気がついたのですか。 **17**

1．友人が，視界が悪くて富士山を見られず，残念がっているということ
2．フランスと日本では，富士山を男性とするか，女性とするかの違いがあること
3．友人が，山を男性とみなす自国文化に誇りを持っているということ
4．富士山には，優美な女性像を見出すほうがふさわしいということ

問2　この「まえがき」によれば，筆者は何のために本を書いたと考えられますか。 **18**

1．文化は融合することで発展するということを証明するため
2．相手の意見を尊重することの重要性を明らかにするため
3．異文化を吸収することは日本文化にとって大切であると主張するため
4．異文化との比較によって日本文化の特徴を明らかにするため

XV　次の文章を読んで後の問いに答えなさい。

科学者の特質は，その専門性にある。専門分野の知識に関しては科学者以外誰も追随できず，そこから導かれる未来の見通しについても科学者のようには誰も確信をもって言及できない。であるからこそ，科学者は社会に生じるさまざまな問題について専門家として招かれ，国や地方自治体の審議会や専門家会議の委員として意見が重用されるのである。これも科学の専門家としての一つの「説明責任」の取り方と言えるだろう。薬事審議会，医療審議会，食の安全に関する専門家委員会，中央教育審議会など，私たちに馴染み深い審議会や専門家委員会が多くあり，それに多数の科学者が専門家として審議に参加している。科学者が自分の持っている知見を活かす機会を十分に活用すべきことは当然とされているのだ。

（　A　），限界もはっきりと認識しておかねばならない。国の方針は既に決まっていて，審議会に参加する科学者をアリバイ的に使う場合が多くあるからだ。答申案のほとんどは官僚が作文し，科学者はそれを追認するのみの存在として利用する。（　B　）官僚が決めた政策にお墨付きを与えるだけの役割である。ところが，その答申は「科学者の検討を経た」とか「科学的に吟味された」という注釈が付けられて，誰にも反対できない権威を持って一人歩きしていく。特に公共事業などにおいて，そのような科学者の使われ方が常套手段となっている。それは国のみに顔を向けた「説明責任」であって，国民に対して真の「説明責任」を果たしたとは言い難いだろう。（「御用学者」と言われても仕方がない。）

（池内了『科学者心得帳』みすず書房）

問1　空欄（　A　），（　B　）に入るものの組み合わせとして，最も適当なものはどれですか。 **19**

1．A：しかし　　　B：つまり
2．A：しかし　　　B：そして
3．A：ところで　　B：おそらく
4．A：ところで　　B：あるいは

問2　この文章の内容と合っているものはどれですか。 **20**

1．科学者の意見は客観的，専門的な見解から導き出されているので常に正しい。
2．多くの科学者は官僚の言うことを追認することに罪悪感を抱いている。
3．科学者が審議会で官僚の意見を言うだけなのであれば，説明責任は果たされない。
4．官僚は科学者に対して権力を持ち，科学者の研究内容さえも決めてしまう。

XVI　次の文章を読んで後の問いに答えなさい。

肉，牛乳，魚などからの動物性タンパク質は，ヒトの組織を構成するタンパク質をつくる際に必要な必須アミノ酸の割合とよく似ている。そのため良質タンパク質といわれる。ところが，動物性コラーゲンが変性したゼラチンは例外なのである。それは，ゼラチンには必須アミノ酸がいくつか欠乏しているためである。

タンパク質の栄養価とは，食べ物から吸収されたタンパク質が体内にどれぐらい保留されたかを表した値である。この値は必須アミノ酸の含有量とバランスのほかに，消化吸収率や生体内における利用度によって左右される。栄養価の高いタンパク質は必須アミノ酸の量とバランスがすぐれている。そのため，消化されてアミノ酸として吸収されたのちに，タンパク質などになって体内で保有される割合が高い。しかし，栄養価の低いタンパク質は，必須アミノ酸が少ないので吸収されても体内に保有されず，速やかに分解して排出されてしまう。

味噌や醤油などは，ダイズやムギなどを麹菌《こうじきん》によって発酵させたものであり，発酵の過程で原料に含まれているタンパク質はアミノ酸に分解される。日本酒はアミノ酸に富むが，料理酒となると普通酒の四倍もアミノ酸を含んでいる。このように私たちの食生活では，食べ物に含まれているタンパク質を体内で分解してアミノ酸を摂るとともに，最初から食べ物に含まれているアミノ酸を直接摂り込んでいるのである。

現在ではタンパク質を食べ物から摂らなくとも，病気の患者や，体内で酵素活性が発達していない未熟児に対して，アミノ酸混合物を含む輸液を静脈投与し，長期間にわたって栄養補給することができるようになった。栄養補給技術の向上は，アミノ酸栄養の改善に大きな影響を与えている。

（大﨑茂芳『コラーゲンの話』中央公論新社）

問1　筆者によると，良質なタンパク質を摂取するのに向いていないものはどれですか。 **21**

1．肉
2．味噌
3．ゼラチン
4．料理酒

問2　アミノ酸について，筆者はどのように述べていますか。 **22**

1．必須アミノ酸が少ないタンパク質は体内に保存されやすい。
2．必須アミノ酸の量とバランスはタンパク質の栄養価を左右する。
3．日本酒には，料理酒よりもアミノ酸が多く含まれている。
4．アミノ酸は，体内でタンパク質を分解することでしか得られない。

XVII　次の文章を読んで後の問いに答えなさい。

(1)教養の危機を語るにつけて，現代人の俗耳にもっともはいりやすい説明は，いわゆる情報化時代の脅威であろう。その場合，問題の焦点はおもにメディアの革命にあてられ，…（略）… 電子メディアの台頭による活字文化の衰退が憂慮されるのがつねである。端的にいえば，人びとがテレビ映像に耽溺して本を読まなくなり，関心は総合雑誌よりもインターネットの情報に向いているといった現象が，不安として指摘される。

だがそうした現象は事実だとしても，その原因はたんなるメディアの技術的な変化ではなく，より深い文明史の趨勢にあることは，少し過去を振り返れば明らかになる。先に『大分裂の時代』（中央公論社，一九九八年）にも書いたことだが，情報化とは本質的に人間の知のあり方の変化であり，知の全体のなかで，いわば知識よりも情報が優位を占める傾向のことだからである。(2)この変化はつとに活字文化そのものの内部で起こり，むしろその結果として電子メディアという新しい技術を生みだした。芽生えは古く写本から印刷本が生まれ，単行本と並んで新聞やパンフレットが現れ，定期刊行の雑誌が発明された時点に遡るのである。

変化のポイントは，知の性質のなかで永遠性よりも新しさが勝ちを占め，脈絡よりは断片性が強められ，知がより多く時事的な好奇心と実用性に訴えるようになったことであった。写本の聖書よりは個人の著作のほうが，著作よりは雑誌論文や新聞記事のほうが，ときどきの移り行く関心に応え，その分だけ視野の脈絡に欠けることは明らかだろう。単行本の目次は一つの論理の構成を示しているが，雑誌の目次や新聞のページ建ては，多様な主題を緩やかに分類しているにすぎない。そして情報という言葉のもっとも常識的な定義が，この主題の多様性，新鮮さと断片性，猟奇性と実用性であることはいうまでもあるまい。古い情報，役に立たない情報，論理の難解な情報などは，誰の興味もひかないはずである。

（山崎正和『歴史の真実と政治の正義』中央公論新社）

問1　下線部(1)「教養の危機」とありますが，筆者の考えによると，次のうち「教養」を生み出すものとして最も役立つものはどれですか。 **23**

1．テレビ
2．インターネット
3．新聞
4．個人の著作

問2　下線部(2)「この変化」とはどういうことですか。 **24**

1．電子メディアという技術が台頭してきたこと
2．活字文化とは違う知の体系として情報が生まれたこと
3．情報化が不安要素として認識されてきたこと
4．知識よりも情報が優位になってきていること

問3　この文章の内容と合っているものはどれですか。 **25**

1．情報は，そもそも新鮮さや実用性を本義とするものである。
2．情報は好奇心を満足させるが，実生活の役には立たない。
3．メディア技術の変化によって，知識は情報以上に断片化された。
4．情報化が進んでも，人の知のあり方は変わらない。

第７回の問題はこれで終わりです。
解答・解説はp.338を参照してください。

第8回

実戦問題

解答時間 70分

正解と得点分布図確認

QRコードを読み取ってオンライン解答用紙に解答を記入し、正解と得点分布を確認してください。

記述問題

説明

記述問題は，二つのテーマのうち，どちらか一つを選んで，記述の解答用紙に書いてください。

解答用紙のテーマの番号を○で囲んでください。

文章は横書きで書いてください。

解答用紙の裏（何も印刷されていない面）には，何も書かないでください。

記述問題

以下の二つのテーマのうち，どちらか一つを選んで 400～500字程度で書いてください(句読点を含む)。

1.

日本の企業では，長年，卒業予定の学生を年度《ねんど》ごとに一括《いっかつ》して採用する方式がとられてきました。しかし，最近では，もっと自由に採用《さいよう》活動をするべきだという意見も出てきています。

学生を年度ごとに一括して採用する方式の利点《りてん》と問題点を説明し，あなたの考えを述べなさい。

2.

日本の小学校では，子どもたちに，標準的《ひょうじゅんてき》な日本語である標準語を使用して，教育を行ってきました。しかし，一方では，方言《ほうげん》というその地域《ちいき》に根付《ねづ》いた言葉で教育を行うほうがよいという意見も出てきています。

小学校で標準語を用いて教育をすることの利点《りてん》と問題点を説明し，あなたの考えを述べなさい。

読解問題

説明

読解問題は，問題冊子に書かれていることを読んで答えてください。

選択肢１，２，３，４の中から答えを一つだけ選び，読解の解答欄にマークしてください。

Ⅰ　次の文章の内容と合っているものはどれですか。 **1**

　中世のヨーロッパには〈メメント・モリ〉という言葉がありました。知識人たちの中には，〈メメント・モリ〉とラテン語で書いた石，文鎮のようなものをテーブルの上にいつも置いて，絶えず見ることを心がけていた思想家たちがいたそうです。

〈メメント・モリ〉という言葉を訳しますと〈死を想え〉ということになります。生きてあるその日のうちに死を想えということ。死を想うというと，何か非常に不吉なような感じがしますが，実際はそうではないんです。自分たちがどこから生まれてきてどこへゆくのかということを一日も早く意識して考えること。そして，死をおそれることなく，まるでそういう観念が自分の友達でもあるかのごとくに親しんで生きることのほうが，実は大事なのです。

　なぜかというと，この世界が永久につづくと考えたとき，人間というものは毎日毎日の体験に感激を持てなくなります。それから，自分たちが何でもできるんだ，自分たちの力で人生をつくっていけるんだというふうに考えたとき，人間というのは非常に傲慢《ごうまん》になってきます。

（五木寛之『生きるヒント』角川書店）

1．死をおそれず，謙虚に生きることが大事だ。
2．不吉なことは，なるべく考えないほうがよい。
3．人生を，自分の力で一生懸命に作っていくのがよい。
4．死を想うと日々の生活に感激が持てなくなる。

II　次の募集案内の内容と合っているものはどれですか。　**2**

姉妹都市に交換留学に行こう！
参加者募集

（事前説明会）10月９日（火）14:00～16:00
西京市中央公民館　３Ｆ

（留学日程）　12月16日（日）～ 12月22日（土）
中華人民共和国　○○省
※集合と解散は西京空港です。日本国内の交通費の支給はありません。

（参加条件）　１．西京市内に住む高校生または大学生
２．中国語での日常会話が可能なこと
３．事前説明会に参加可能なこと

（活動内容）　姉妹都市の文化を体験し，ホームステイを通じて国際交流を深める。

（募集人数）　５人（多少変動あり）
※まず書類選考を行い，合格者には面接を実施して参加者を決定します。

（申し込み）　10月19日（金）17時までにいずれかの方法でお申し込みください。追って詳細な案内書類と応募書類を送付いたします。
【インターネット申し込み】西京市ホームページ
「申請・応募」のページからお申し込みください。
【メール申し込み】事務局あてに，メールを送信してください。
宛先：exchangestudent@×××.com
件名：姉妹都市交換留学参加希望
本文：氏名，学校，学部，電話番号，メールアドレス

１．留学には中国語か英語が話せる必要がある。
２．家から日本国内の空港までの交通費は支給される。
３．応募者は全員，書類審査と面接を受ける。
４．どの申し込み方法でも締め切りは同じである。

III　下線部「いまさらそれを学生の怠慢だというのは，それこそ怠慢ではないだろうか」とありますが，ここから筆者のどのような考えが読み取れますか。　**3**

大学に提出するレポートを書きなさいと言われても，途方にくれてしまう。そんな学生が増えているという。

小さいころからテレビやゲーム三昧で育ち，たまに作文を書くにしても，思ったことをそのまま自由に書けばよろしい，という方針で育てられた現代の若者は，自分の気持ちをつぶやきのような言葉で書くことはできても，人に読ませるに値する文章は書けない。そもそもまともな文章を知らないのだから書けるわけがあるまい。いまさらそれを学生の怠慢だというのは，それこそ怠慢ではないだろうか。

文章を書くためには，それなりに言葉の知識や文章の型というものを身につけておく必要がある。昔は古典や名著と呼ばれるものを，意味は分からずともひたすらに読まされた。いざ自分が書く方に回ってみると，それがいかに重要なことだったかが分かる。

1．学生に模範的な文章を読ませるのは，教育者側の義務である。
2．学生の評価は，レポートではなく試験で行うべきである。
3．学生は，自主的に言葉や文章について学ぶべきである。
4．学生の文章が稚拙であっても書いた事実を評価すべきである。

IV　次の文章の（　A　）に入るものとして，最も適当なものはどれですか。 **4**

そもそも，雑草とはどのように定義されるものなのだろうか。

アメリカ雑草学会という，雑草学の研究者の集まりでは，雑草は次のように定義されている。

「人類の活動と幸福・繁栄に対して，これに逆らったりこれを妨害したりするすべての植物」

何だか，科学的な定義というよりは，人類の幸福とか繁栄とか，ずいぶんと哲学的に感じられる。もう少しわかりやすい言い方では，「望まれないところに生える植物」という言い方もある。これも，わかったような，わからないようなあいまいな言い方だが，つまりは，「邪魔になる草」ということなのである。

ただし，雑草が「邪魔になる悪い草だ」というのは，西洋の考え方である。

日本の辞書には，雑草とは「自然に生えるいろいろな草。また，名も知らない雑多な草」「農耕地や庭などで，栽培目的の植物以外の草」「生命力・生活力が強いことのたとえ」などと書かれていて，必ずしも邪魔な悪い草という意味はない。（　A　），「雑草のようにたくましい」と生命力や生活力が強いことのたとえとして，良い意味にも使われているのが，面白いところだ。

（稲垣栄洋『雑草はなぜそこに生えているのか』筑摩書房）

1．つまり

2．それどころか

3．とはいうものの

4．ところが

V　次の文章で，筆者は，患者に「シンパシー」を持つためにどんなことが重要だと言っていますか。 **5**

これからの医療では「患者が主役」であり，医療従事者は，患者にシンパシーを持つことが重要です。シンパシーというのは，もともと「痛みの共有」という意味で，患者が何を感じているのか理解する，共感するということです。患者は，自分が何を感じているのか，嬉しいのか悲しいのか，痛いのか，苦しいのか，といったことを率直に言わない，あるいは言えないことが多いので，医療従事者は患者の言うことの背景を読み取る必要があります。そのためにはコンサルタント技術も必要であり，医学教育でも取り扱うべきです。医学生は訓練生として早くから医療現場に接すること（early exposure）が有効でしょう。「医療のヒエラエルキーのトップである医師」になるという意識で医療現場に出るのではなく，単なる学生として現場の雑役を経験することが必要です。あるいは，ロールプレイで患者になってみるというのもいい方法だと思います。とにかく，患者とはどういうものか，というのがわからなければ医者とは言えません。

（村上陽一郎『人間にとって科学とは何か』新潮社）

1．患者の言葉をそのまま受け取るようにする。
2．人間的に成熟してから現場に出るようにする。
3．患者の立場になって考えるようにする。
4．患者に対して率直に意見を言うようにする。

VI　次の文章で，筆者が，仕事をする上で最も大切だと思っていることはどれですか。

6

大学では気の合う仲間と楽しく遊んでいたのに，会社に就職したとたんに対人関係に悩むということが少なくない。

会社は気の合う者同士の仲良し集団ではない。会社にはいろいろな個性を持つ人がいて，世代も違えば物事の捉え方や感じ方にも大きな違いがあるかもしれない。しかし，それでいいのだ。それぞれの持つ個性が多様であることはむしろ大きな力となる。もちろん一人ひとりが好き勝手をやっていたら仕事にはならないが，個性を生かしつつもそれぞれの持つベクトルを合わせて会社全体の力としていければ，大きな成果を生む。多様な個性があるということは，それだけ可能性があるということなのだ。

気が合わないことを心配する必要はない。むしろ，仕事をする上では歓迎すべきことではないだろうか。

1．利益をあげるために，それぞれが能力を高めること
2．成果という共通の目的に向かって一人ひとりが個性を発揮すること
3．同僚や先輩の考え方を学び，それに合わせていくこと
4．会社全体の力を大きくするために一人ひとりは個性を抑えること

VII　次の文章で，筆者が「三分の人事，七分の天」の話を通じて伝えようとしていることはどれですか。 **7**

「三分の人事，七分の天」は清《しん》の趙甌北《ちょうおうほく》の詩句で，原文は，「到老始知非力取三分人事七分天」である。

若いときは，なんでもできるはずだと考え，できないのは努力が足りないように思っていたが，年をとると，だんだん，人間にできるのは三分，それを越える天によるのが七分だという一見，消極的なところが見えてくる。努力，人事の限界を知れば，人生は気が楽である。すべてを自分の責任とするのは，いかにも，りっぱなようであるが，その実，うぬぼれであり，不遜である。人間の力には限界がある。

三分の人事といっても，三分の一だけ努力すればいいというわけではない。十をすべてやるのである。しかし，成果を収めるのは三分である，という覚悟がほしい。

（外山滋比古『「マイナス」のプラス』講談社）

1．懸命に努力しつつも，結果に限界があることを知るべきだ。

2．年を取るにつれ，人間は限界を悟り消極的になっていく。

3．七割は運で決まるので，無駄な努力をする必要はない。

4．自分の力のうち，三分の一だけ努力をするのがよい。

VIII　次の文章で，筆者の考えに最も近いものはどれですか。　**8**

新聞を活用して授業をやると，メディア・リテラシーはもちろんのこと，「新しい学力」といわれる，これからの時代に要求される能力も身につきます。

新しい学力とは何かというと，問題を発見して，解決していく，問題解決型の学力のことです。従来の学力は，各教科に分かれた系統的な学習に基づくものでした。

算数であれば足し算と引き算の次に掛け算や割り算をやるというような系統的に順序づけられたものだったのです。

みなさんも学校では系統だって授業を受けてきたと思います。足し算引き算の次に掛け算割り算，その次に分数など，順番に覚えていくやり方ですね。

でも今なぜ新しい学力が必要になってきたのかというと，世の中で私たちが直面するさまざまな問題は算数だけで解けるわけでもなく，国語だけで解けるわけでもない。

総合的な力が必要になってきたからです。

たとえば地震で被害を受けた地域を復興していくという課題があったとします。

復興は土木や建築の知識だけでは解決できませんよね。そこに住む人たちの心のケアやコミュニティづくり，福祉の充実などさまざまな知識が必要です。そういう問題を解決していくために，考える力を養っていくのが新しい学力の大きな柱です。

（齋藤孝『新聞力』筑摩書房）

1．新聞のような古いメディアを読んでいても新しい学力は身につかない。
2．世の中の問題に対処するには，総合的な力をつける教育が必要である。
3．新しい学力を身につけるには，系統的な学習が効果的である。
4．従来の学力では，地震で被害を受けた地域の復興に役立たない。

IX 「育つ」・「育てる」ことについて，筆者の主張と合っているものはどれですか。 **9**

「育てる」ということを思い描くとき，ぼくたちはつい，自分をゴールの側に置いてしまう。一歩ずつこっちに向かってくる子どもをゴールで待ちかまえて，正しい道を進むように導くことが，「育てる」ことなのだ，と。

でも，ほんとうはそうじゃないのかもしれない。おとなも子どもも，「育つ」側も「育てる」側も，みんな「生まれて初めて」の日々を生きている。おとなは自分自身の「育つ」を終えてから子どもを「育てる」ことを始めるのではない。おとなだって，育てながら育っている。人生の長い道のりの途上にいることは，おとなも子どもも同じなのだ。

ならば，試行錯誤もあるだろう。失敗して悔やむことだってあるはずだ。かまわないじゃないか，そんなのあたりまえですよ——あえて，そう言っておきたい。子育ての「正解」を見つけられない自分を責めて，悩み苦しんでいる親がたくさんいる時代だからこそ。

人生を何度でもやり直すことができるなら，「正解」の数は増えるだろう。でも，それができないから，すべては「生まれて初めて」であり「最初で最後」だから，生きることはちょっと哀しくて，すごく愛《いと》おしい。

（重松清『うちのパパが言うことには』毎日新聞社）

1．育つのは子どものうちだけである。
2．おとなになってからのほうが育つ。
3．おとなは育ってから子どもを育てる。
4．おとなは子どもを育てながら育つ。

X　（　Ａ　）に入るものとして，最も適当なものはどれですか。　**10**

確かに今の受験制度はあまりにも苛酷である。しかし，これはどのように制度を変えてみても，現在のように多くの人が大学を受験し，しかも，自分の住んでいる地方からどこへでも出てゆくので，いわゆる一流大学の定員が一挙に二倍や三倍にならないとすると，受験地獄は避けられない。ここで非常に大きい問題となるのは，制度そのものよりも，日本中の人が大学や学部などについて，細かに順序づけを行い，少しでも序列の高いところに入学しようとしていることである。

大学にある程度の差があることは，欧米においても避けられないことだろう。しかし，わが国のように細かい順序づけがなされているところはない。これは，大学人としては，各大学が（　Ａ　）をもっていないことをまず反省すべきだろう。各大学が多様な個性をもてば，それを一様に順序づけることができないし，受験生は大学の個性と自分の個性とのからみで大学の選択をするので，すべての人が特定のひとつの大学へ行きたがるなどということがなくなって，少しは受験競争も緩和されるであろう。

（河合隼雄『子どもと学校』岩波書店）

1．受験生の個性を見極める能力
2．大学としての個性
3．独自の評価による序列
4．多様な個性を受け入れる寛容さ

このページには問題はありません。
次のページに進んでください。

XI　次の文章を読んで後の問いに答えなさい。

人間は歳《とし》をとると視力が落ちる。だからその補助手段として眼鏡をかけることになる。老眼鏡という。さらに歳をとると，ものを見るためのエネルギー消費を感じるようになる。つまり一日の始まり，朝とか午前中はぱっちり見えるが，一日の終わりに近づくにつれ，ものの見え方がややいいかげんになる。

それまでは，目はもともと二つ開いているから，いつだって見えていると思っていた。走ったり，物を持ち上げたりするのにエネルギーがいることはわかる。でも目で見るのは光を受けるだけだから，エネルギーはいらないと思っていた。それが歳をとると，そうではない，見ることはエネルギーのいる運動なんだと，よーくわかってくる。

歳をとると，体がエネルギー効率を考えて，できるだけ省エネでやっていく態勢になる。若いころはガソリンをじゃぶじゃぶ使うアメリカ車みたいなものだから，エネルギー効率の微《び》妙《みょう》なところはわかりにくい。でも歳をとると省エネ対策が進むから，体内で互《たが》いに重複するような活動は省いて，体がハイブリッドになっていかざるを得ない。そうやってエネルギー出費の明細が厳しくなるから，一日の終わりにはもう電力低下で，もうじき電源が切れるというようなことを如実《にょじつ》に感じる。そうすると，目でものを見るのは，じつはエネルギーのいることだったと痛感する。ただ見えているのではなかった。夜寝《ね》る前にテレビのスポーツニュースをと思っても，目の出力が完全に落ちていて，ピントが合わない。目はただ見るだけの受身の器官だと思っていたが，ただではなかった。

（赤瀬川原平『目玉の学校』筑摩書房）

問１　筆者は，歳をとると，一日の終わりに近づくにつれてものが見えづらくなるのはなぜだと言っていますか。 **11**

1．目でものを見るためのエネルギーが不足するから
2．日が暮れるにつれて視力そのものが落ちるから
3．夜には，ものを見ようという心のエネルギーがなくなるから
4．目に受ける光そのものが少なくなっていくから

問２　筆者は，目をどのような器官だと捉えていますか。 **12**

1．走るのと同等のエネルギーを使う器官
2．想像以上にエネルギーを使う器官
3．他よりも省エネ対策が進んだ器官
4．ただものを見るだけの受身の器官

XII　次の文章を読んで後の問いに答えなさい。

さて日本語の未来ということを考えると，共通語がどんどん普及していくのはけっこうなことかもしれないが，困ったこともある。今後は方言がどんどん衰退していってしまいそうだからだ。共通語というものが方言を*放逐してしまって，我々の話す言葉が共通語だけになってしまうことが，果たしていいことなのだろうか。これは大いに考えなければいけない。というのは，共通語にはいろいろな問題があるからだ。共通語というものは，大体東京の言葉が基本になっている。東京の言葉が万能ならば文句はないのだが，そうとも言えない。東京の言葉というのは，東京という都会に住んでいる人間の間に生まれた言葉であるために，どうしてもきめ細かい表現が足りないのである。

日本中で雪が最も降ると言われる新潟県へ行くと，雪に関する語彙が非常に発達している。…（略）…

雪の生活が非常に長い地方では，雪の降り方を見て，一つ一ついろいろな名前をつけている。こういった言葉はその地方になくてはならないものであり，いくら共通語が盛んになったからといって，これをなくしてしまうことはできない。またなくしてはいけない貴重な言葉である。…（略）…

こういうことから東京という都会に発達した言葉だけでは，東京以外の人の生活を言い表すための言葉は当然足りなくなってしまう。共通語というものはもっともっと方言から栄養分を取り入れて，豊かなものにしなければいけないということになる。

（金田一春彦『日本語を反省してみませんか』角川書店）

＊放逐：場所や組織から追い払うこと

問1　筆者は，この文章で共通語についてどのように考えていますか。　**13**

1．細かい表現の少ない都会の言葉
2．東京生まれの万能な言葉
3．都会に住む人しか使用しない言葉
4．今後どんどん衰退していく言葉

問2　筆者の考えと合っているものはどれですか。　**14**

1．東京に住む人は，きめ細やかさを身につけるべきだ。
2．共通語は，方言から多くを学び，豊かになることが必要だ。
3．共通語の普及と方言の排除は，日本の未来にとって最も重要だ。
4．方言の存続のために，地方では方言による教育を行うべきだ。

XIII　次の文章を読んで後の問いに答えなさい。

一頭のウサギの生活圏は，ごく小さなものなのだろう。耳が音を聞きとり，アンバランスな脚でも確保できる範囲であって，たかだか一，二ヘクタールのひろがりではなかろうか。自分の領分であって，そこにいくつもの道をつくる。注意して見ていくと，地面がこすれていたり，ヤブにすれた跡があるものだ。それに糞が目じるし。小指の先ほどの糞が，かたまって落ちている。人間にもわかるのだから，鼻のいい犬などには，たちどころにわかる。むしろ誘いかけているようなものであって，せっかく道をつくっても何にもならないと思うのだが，逃げるのが生存の条件であるような動物には，それなりの理由があるらしい。

たしかにウサギ道は迷路のようにつくってある。ヤブ，草むら，岩かげ，繁みと，地形に応じて巧みに巡らせていく。たとえ犬が嗅ぎつけて追ってきても，ヤブに阻まれ，繁みで行き迷う。ウサギはその間，大きな耳を前後左右に動かして，じっとようすをうかがっている。

か弱い生き物にとって，それはなかなか生き甲斐のある瞬間ではあるまいか。凶悪で強いものを翻弄できる。迷路を巡って，自分はもとのところにもどっているのに，相手は見当ちがいを右往左往している。あるいは，ころ合いに応じてこちらが領分から一目散に逃げ出したのに，敵ときたら，それと知らず，しきりにあらぬ辺りを嗅ぎまわっている。

（池内紀『森の紳士録』岩波書店）

問 1　下線部「それ」が指す内容として，最も適当なものはどれですか。 **15**

1．生活圏に迷路のような道をつくっている時
2．敵である強い動物が自分を見失っていると分かる時
3．犬などの敵に追われて必死に走って逃げている時
4．今までの生活圏から新しい生活圏に移れた時

問 2　ウサギが敵の動物から逃げるために，事前にしなくてはいけないことについて，この文章の内容と合っているものはどれですか。 **16**

1．敵から逃げるための道をつくること
2．生活圏をなるべく大きくしておくこと
3．糞を敵にわかるように置いておくこと
4．敵がいない場所に生活圏を持つこと

XIV　次の文章を読んで後の問いに答えなさい。

通信ネットワークを利用すれば，いろいろな分野の専門を持つ人と知り合うことができ，人脈を拡大するチャンスが増える。その人脈を活かせば，これまで自分が気づかなかった才能を発揮してあたらしい分野で活躍するチャンスが得られる——。

読みようによってはあやしげな団体の勧誘のような内容だが，ネットワークの利用者が急増した九四～九六年ごろは，多くの利用者がこのように主張し，ネットワークの効用とされた事例のなかにも，さまざまな属性を持った人たちとの交流機会が増えたとか，個人の活動領域が拡大したという紹介が少なくなかった。

しかしそれは，けっしてネットワーク全般に見られたことでもなければ，ネットワーク固有の現象でもない。雑多な人が集う場なら，多かれ少なかれ見出せることだ。

もちろん移動や生活時間といった（　A　）に縛られていた人たちにとって，ネットワークはあらたな交流を切り開く手段となった。しかしそうであっても，どのような場や手段にも長所と短所があり，ネットワークだけが万能なのではない。ある人たちにとって，ネットワークがたまたま効果的であったにすぎない。

ネットワーク・ブームがはじまった九〇年代前半は，マスコミ業界との関連でさまざまな「シンデレラ・ストーリー」が誕生した。マスコミ関係の仕事をことさら高く評価するつもりはないが，八〇年代，とくにバブル景気のころには，マスコミ関係の仕事は時間管理が緩やかで創造的《クリエイティブ》という印象を与え，「業界幻想」とでもいうべき憧れが持たれていた。「シンデレラ・ストーリー」はこうした幻想がひとつの背景になっていたのだろう。

（江下雅之『ネットワーク社会の深層構造』中央公論新社）

問1　（　A　）に入るものとして，最も適当なものはどれですか。 **17**

1．社会的制約
2．心理的制約
3．感覚的制約
4．物理的制約

問2　「ネットワークの効用」として，下線部「さまざまな属性を持った人たちとの交流機会が増えたとか，個人の活動領域が拡大した」ことを紹介することについて，筆者はどのように考えていますか。 **18**

1．ネットワーク特有のメリットだといえ，特筆すべきことである。
2．あやしい交流が増えるという不安感を煽るもので，紹介すべきことではない。
3．ネットワーク以外の方法によってもできるもので，特筆すべきことでもない。
4．実際にはなかったことで，根拠のない，いい加減な紹介に過ぎない。

XV　次の文章を読んで後の問いに答えなさい。

昔，ぼくが住んでいた近所に，バラ作りがうまいと評判の老人がいた。この老人に家の庭にバラを作りたいと話したところ，毎日やってきてはバラ作りに励んでいた。そのとき，彼はたいへん生き生きとしていたのを覚えています。

老人の悲しみというのは，自分が蓄積した知識，経験をもはや世の中が必要としていないと思ったときに起きるのです。これほど，彼らにとって孤独なことはない。

そして，社会が自分に親切にしていることは，ただいたわってくれるだけで，自分たちを有効に使ってくれないという，そこに老人たちの悲しみがあることを，老人問題を考える人たちは一向に考慮しようとしないのです。

以上の老人の悲しみから，われわれは次のようなことを学ぶことができる。

つまり，この世の中に暮らしていて，何も人の役に立たないということは，人間にとっていちばん辛いことなのです。われわれの心の中には，自分が誰かの役に立ちたい，社会のために（　A　）という気持ちが，誰の胸の中にもあるのです。

それを塞《ふさ》がれてしまうと，生きがいがなくなってしまう。

（遠藤周作『あまのじゃく人間へ』青春出版社）

問１　「バラ作りがうまいと評判の老人」が生き生きとしていた理由を，筆者はどのように考えていますか。 **19**

1．バラの魅力を共感し合える人がいると分かったから
2．体を動かしてバラ作りをすることが気持ち良いから
3．自分のバラ作りの腕を必要としてくれる人がいるから
4．近所の人に気遣ってもらえて，孤独ではなくなったから

問２　（　Ａ　）の中に入るものとして，最も適当なものはどれですか。 **20**

1．美しいバラを作りたい
2．若者に道を譲りたい
3．老人問題を解決したい
4．有用な人間でいたい

XVI　次の文章を読んで後の問いに答えなさい。

ヨーロッパ大陸やイングランドでは，教科書どおりの産業革命のなかで，繊維産業の「工業化」が一九世紀半ばまでに完了したが，そこでは，蒸気動力による機械化という，最も典型的な近代産業技術が形成された。より効率的に，より大量に，望まれる製品を製造するための「技術化」が，近代産業の出発点であった。

いうまでもなく，こうした新しい産業形態は，手工業の時代には予想もされなかった大規模工場に拠る生産方式を生み出し，人口の都市への集中，労働者階級の出現とその劣悪な労働環境・生活環境など，社会問題をもつくり出したが，ここでは，その点には立ち入らない。

一方アメリカでの産業技術は後発的であるがゆえに，ヨーロッパ大陸とは多少異なった展開を見せた。一九世紀初頭まで，銃器はすべて一挺一挺手作りで供給されていた。この点はヨーロッパ大陸でも同じであり，むしろいわゆるマスケット銃と呼ばれる最も普及度の高かった小銃の大半は，ヨーロッパ大陸からの輸入によって賄われていた。しかし，一九世紀初め，アメリカ東北部に始まった新しい動きが，アメリカの産業技術をヨーロッパ大陸に先行させる境位を開いた。それは部品の標準化という動きであった。

銃器産業に出発した部品の標準化運動は，たちまち，自転車，ミシン，時計などの産業へと波及したが，この製造技術は，大量生産とともに品質管理およびメインテナンスへと進む道を準備することになった。というのも，部品の標準化は，生産工程のライン化を可能にし，そこから品質管理という概念が生まれたし，また標準化された部品を常に提供することによって，補修や修理の管理が容易になったからである。こうした方法は「アメリカ式製造技術」として，やがてヨーロッパ大陸へも知られるようになる。

（村上陽一郎『文化としての科学／技術』岩波書店）

問１　下線部「ヨーロッパ大陸とは多少異なった展開を見せた」例として，最も適当なものはどれですか。 **21**

1．部品の標準化を行う製造形態
2．社会問題を伴わない生産方式
3．部品を海外から輸入する流通形態
4．蒸気動力を用いず行った機械化

問２　この文章の内容と合っているものはどれですか。 **22**

1．ヨーロッパ大陸からアメリカへと標準化運動は伝わった。
2．十九世紀初頭まで，小銃の大半はアメリカで手作業によって作られた。
3．品質管理を可能にさせたのはヨーロッパ型の産業形態だった。
4．かつてアメリカはヨーロッパ大陸から銃を輸入していた。

XVII　次の文章を読んで後の問いに答えなさい。

よく「弱いやつほど群れたがる」と言われる。確かに弱い生き物は群れを作る。小さなイワシは，群れで泳いで大きな魚から身を守るし，シマウマもライオンを恐れて群れている。

しかし，(1)群れているということは，それだけ肉食動物にとっては見つけやすいということでもある。また，獲物が集まっているということは，肉食動物にとっては何とも魅力的な話だ。群れると，ただ，襲われやすくなり，食べられ放題になってしまうだけのように見える。どうして，そんな行動をわざわざするのだろうか？

天敵に対する対抗手段として，(2)生物が群れを作るのには，いくつかの理由がある。

一つには，天敵に対する警戒能力が高まることがある。一頭で警戒しているよりも，たくさんの仲間で警戒する方が，天敵を見つけやすい。一頭で草を食べていれば，天敵に狙われやすいが，草を食べていない仲間が警戒していれば，夢中になって草を食べることができるだろう。

サバンナでは，シマウマだけでなく，ガゼルやキリンなど，異なる種類の動物が集まって群れを成している …（略）…。首の長いキリンは遠くを見渡すことができる。その代わりに，遠くばかり見ているキリンは，シマウマのように近くはなかなか見えないだろう。あるいは，ガゼルは音に敏感で，いち早く物音に気が付くことができる。

そして群れの中の一頭でも危険を察知して逃げ始めれば，群れ全体が一斉に逃げ始める。こうして，さまざまな能力を持つものが集まることによって，天敵に対抗しているのである。つまりは，異能集団のチームとなっているのだ。

一方，群れることによって，自分が襲われるリスクが減るというメリットもある。たとえ群れが襲われたとしても，たくさんの仲間がいるので，天敵に狙われにくくなるのだ。ライオンに群れが襲われたといっても，餌食になるのは一頭だけである。一頭しかいなければ，どこまでも狙われるのは，自分だけであるが，群れの中に紛れていれば，その中で自分がターゲットになる確率は低い。これは「希釈効果」と呼ばれている。

（稲垣栄洋『弱者の戦略』新潮社）

問1　筆者によると下線部(1)「群れている」ことのデメリットはどれですか。　23

1．天敵に弱い生き物の集団だと認識され，狙われやすくなる。
2．目立つので，天敵に自分たちの存在が見つかりやすくなる。
3．天敵に見つかって襲われたとき，うまく逃げられなくなる。
4．集団という形に頼ることで，個体としての能力が低くなる。

問2　筆者によると，下線部(2)「生物が群れを作る」理由として，不適当なものはどれですか。　24

1．集団で行動することで，自分たちを強く見せるため
2．違う種の動物の能力も利用することができるため
3．たくさんの仲間がいるほうが危険を察知しやすいため
4．自分だけが天敵に狙われることを防ぐため

問3　この文章の内容と合っているものはどれですか。　25

1．弱い一頭を犠牲にすることは，集団の能力を高めるために役立つ。
2．群れの特徴として，似た能力を持つもの同士で固まることが挙げられる。
3．群れを作ることにはメリットもあるが，デメリットのほうが大きい。
4．同種だけよりも異種異能の動物が集まった群れのほうが強いと言える。

第 8 回の問題はこれで終わりです。
解答・解説は p.342を参照してください。

第9回

実戦問題

解答時間 70分

正解と得点分布図確認

QRコードを読み取ってオンライン解答用紙に解答を記入し、正解と得点分布を確認してください。

記述問題

説明

記述問題は，二つのテーマのうち，どちらか一つを選んで，記述の解答用紙に書いてください。

解答用紙のテーマの番号を○で囲んでください。

文章は横書きで書いてください。

解答用紙の裏（何も印刷されていない面）には，何も書かないでください。

記述問題

以下の二つのテーマのうち，どちらか一つを選んで 400〜500字程度で書いてください（句読点を含む）。

1．

現在，社会では，資源保護《しげんほご》のために石油《せきゆ》の使用《しよう》を減《へ》らすことが求《もと》められています。それにもかかわらず，石油を使う自動車である「ガソリン車」が使われ続けています。

なぜ，「ガソリン車」が使われるのか，理由を説明しなさい。

そして，今後，「ガソリン車」の問題をどうすればよいか，あなたの考えを述べなさい。

2．

現在，社会では，会社で働く人々の「健康問題《けんこうもんだい》」が生じており，その解決《かいけつ》が求められているのにもかかわらず，その「健康問題」の解決には至っていません。

このような「健康問題」について具体例を挙げ，状況《じょうきょう》を説明しなさい。

そして，今後，その「健康問題」をどのように解決すればよいか，あなたの考えを述べなさい。

読解問題

説明

読解問題は，問題冊子に書かれていることを読んで答えてください。

選択肢１，２，３，４の中から答えを一つだけ選び，読解の解答欄にマークしてください。

I　次の文章の内容と合っているものはどれですか。　**1**

私たちの生活している世界は，言葉を知る以前からきちんと区分され，分類化されているのではありません。単語のもつ音の価値も，意味の価値も，その言語の体系のなかだけで決定されるのであり，言葉が，あらかじめ区切られた独立の存在である物や概念の名前でないということは，多くの実例が証明しています。のちにもくわしく見るように，言語を構成する諸要素は，その共存それ自体によって互いに価値を決定しあっているのです。概念は言葉とともに誕生し，それぞれの単語は全体の体系のなかにおかれてはじめて意味をもち，その大きさ，意味範囲はその単語を取り巻く他の単語によってしか決められません。極端な例をあげれば，日本語から「狼」という単語が時代を経て使われなくなるや否や，狼と呼ばれていた動物は「犬」という概念に包摂されてしまうでしょう。

（丸山圭三郎『言葉とは何か』筑摩書房）

1．外国語と比べなければ，母語の本当の価値は分からない。
2．時代によって単語の意味は変わっても，概念は変わらない。
3．言葉がなくても，物があれば概念は正確に定まる。
4．単語は，ほかの単語との関係によって意味が決まる。

II　次の文章は，大学で行われる救命救急講習会のお知らせです。講習会に参加したい場合，まずどうすればよいですか。 **2**

救急救命講習会のお知らせ

突然の事故や病気は身近なところに存在します。そんなとき，救急車が到着するまでに適切な処置をすることで多くの尊い人命を助けることができるといわれています。この講習会では皆さんが速やかに適切な対応ができるように，心肺蘇生法や応急手当などの実習を行います。

【実施概要】

日　　時：10月３日(水)　14時～17時

場　　所：本部キャンパス内　体育館

内　　容：心肺蘇生法（人工呼吸，心臓マッサージ，AED使用法）
応急手当法（止血等）

定　　員：50名（定員を超えた場合は抽選。９月17日(月)に学生課から申込者全員にメールで連絡します。学生課からのメールに返信をすることで参加が決定します。なお，返信は９月20日(木)までにお願いします。）

申込締切：９月14日(金)

申込方法：下記，大学学生課の申込フォームより，必要事項を記入の上，申し込んでください。
https://www.〇〇〇.△△△.jp

注意事項：途中参加・途中退室はできません。
動きやすい服装で参加してください。

1．申込締切日までに学生課に行って申し込みをする。

2．講習会実施日に直接本部キャンパス内の体育館に行く。

3．９月17日までに，学生課に参加希望のメールを送る。

4．９月14日までに申込フォームから申し込む。

III　下線部「副作用」とは，具体的にどういうことですか。　**3**

道端で見かけるタンポポの多くは，セイヨウタンポポという外来種か，在来種との交雑種だと言われます。在来種にはいろいろなタンポポがありますが，ここでは「ニホンタンポポ」と総称しておきます。

セイヨウタンポポとニホンタンポポの違いの一つは，種子の作り方です。セイヨウタンポポは他のタンポポの花粉がなくても自分だけで種子を作ることができます。これがセイヨウタンポポの圧倒的な強さの秘密なわけですが，これには副作用もあります。ニホンタンポポの場合は，自分以外の株の花粉を受粉して種子を作ることで遺伝的に多様化します。このためいろいろな環境に適応できますが，セイヨウタンポポはそれができません。

その他に，ニホンタンポポにはない特徴としては，セイヨウタンポポは一年中いつでも芽を出し，花をつける，という点があります。種にも違いがあって，セイヨウタンポポの種子はニホンタンポポの種子よりも量が二倍も多く，かつ小さいのが特徴です。そのため，多くの種子を風に乗せて遠くまで飛ばすことができ，全国各地に生息場所を広げることができたのです。

1．種子を風に乗せて飛ばすため，種子が小さくなること
2．日本全国に生息場所を広げられること
3．遺伝的多様さを失い，環境に適応できなくなること
4．季節に関係なく発芽し，花をつけること

IV　次の文章で，筆者は，読書力を向上させるために満たすべき条件は何だと言っていますか。　**4**

私の基準としては，本を読んだというのは，まず「要約が言える」ということだ。

全体の半分しか読んでいなくとも，その本の主旨をつかまえることは十分にできる。数頁関心を持てないところを飛ばすこともある。およそ半分以上に目を通し，要約が具体例を含んで言えるのならば，「その本は読んだ」と言えると私は考えている。…（略）…

こう考えるのには理由がある。一つは，字面をいくら目で追ったとしても，あらすじや要約が言えないようでは，読書をした効果が薄いからだ。要約できることを読んだことの条件にすることによって，いつでも要約できるかどうかを自問するようになる。「で，どういう内容だったの」と人に聞かれて，かいつまんで内容が話せるようであれば，他の人にも役に立つし，自分の読書力を向上させる目安になる。

（齋藤孝『読書力』岩波書店）

1．せめて字面くらいは目で追うこと
2．具体例を忘れてもいいが要約はできること
3．関心を持てないページでも読むこと
4．人にあらすじを話せるようにすること

V　次の文章の（　A　）と（　B　）に入るものとして，最も適当なものはどれですか。

5

ジョロウグモは，一般に五月に生まれて，一一月に死ぬという運命にある。生まれたての子グモは，糸を出してくれるわりには糸が細すぎるので，糸は集まりにくい。九月ごろの求愛シーズンに入ったクモは一番素直に糸を出してくれ，しかも少し太くなっているので，糸は比較的集まりやすい。ところが，一〇月になると，妊娠して体が大きく重くなっているので，糸採取はなかなか難しい。

主観が入るが，このころのメスは，体重が重くなっているためか，それともずるがしこくなっているためか，糸を巻き取ろうとしても，すぐに落ちてしまう。落ちたのを捕えようとするとすばやく逃げてしまうなど，非常に協力的でない。採取中に一度逃げ出したクモから再び糸を採取することは至難の業である。このため，嫌がるクモを時間をかけて説得する（？）よりも，早いうちにあきらめて，（　A　）なクモのみを探すようにしている。そのほうが，（　B　）なのである。

一方，秋になると，メスにくらべて一〇分の一以下と体が小さいオスの出す*牽引糸は，細いが，採取は比較的容易である。オスはメスにつくすのと同じように，精一杯献身的な態度で糸採りに協力してくれる。しかし，糸は細いので集まる量はきわめて少なく，このオスからの糸の巻き取りはたいへん苦労した。

（大崎茂芳「クモの糸のミステリー」中央公論新社）

＊牽引糸：クモが，ぶら下がるために出す糸

1．A：効率的　　B：積極的
2．A：積極的　　B：生産的
3．A：現実的　　B：協力的
4．A：協力的　　B：効率的

VI　次の文章で，筆者が問題だと述べていることはどれですか。　**6**

うつ病は，いまや必要以上に恐れる病気ではない。また，それに罹患《りかん》した人が気軽に「なっちゃった」とまわりに言えるのも，もちろんよい傾向だと言える。

しかし，うつ病とは本来，やはり脳の中の化学物質の回路になんらかの不可逆的な変化が起きて生じる疾患であり，ときには*遷延《せんえん》することもある。また，症状のひとつとして「自殺念慮《ねんりょ》」が起きるというのも，忘れてはならない。いくら治りやすくなったとはいえ，うつ病は人類にとっての大敵であることに変わりはないのだ。

このうつ病が，ブログのプロフィールのひとつとしてあまりに安易に使われてしまうというのは，いくら時代が変わったとしても，あってはならないのではないだろうか。

診断室で「私，うつ病でしょ？　えー，違うの？　うつ病だって言ってよ」などと気軽に口にする人を見るたびに，「会社に提出する診断書にうつ病という診断名は困ります。なんとか胃潰瘍と書いてくださいませんか」と涙ながらに訴えてきた，真にうつ病の男性の顔を思い出し，複雑な気持ちになるのである。

（香山リカ『「私はうつ」と言いたがる人たち』PHP研究所）

＊遷延：長引くこと

1．多くの人がうつ病を昔と同じように恐れていること
2．うつ病は死に至ることもある病気であること
3．うつ病でない人が簡単にうつ病を自称したがること
4．うつ病患者が周囲を気にして病気を隠そうとすること

VII　次の文章で，筆者が最も言いたいことはどれですか。　**7**

資源，エネルギーを事実上無限と想定し，また環境の持つもろもろの処理能力をも無限として想定する，というのが，近代科学／技術が立てた前提であった。この前提はとっくに取り下げられてはいるが，しかし，技術を支える主たる枠組みは，依然として，旧来の，つまり取り下げられる前のそれを根本的に変えてはいない。

もちろん，それが変わらない原因の主たるものは，近代技術が達成した「利便性」や「快適性」を失いたくない，という近代社会の構成員の意識であることは指摘しなければならない。それどころか，技術は人々の限りなく広がる快適性や利便性の欲求に可能な限り応えようとし，また逆にそれに過剰に応えることによって人間の欲求の限界を野放図に拡大し肥大化させる，という悪循環 …（略）… は，それを止め得るブレーキのないままに，拡大の一途を辿っている。

この近代文明を加速させるエンジンの制御なしには，恐らく二一世紀という未来は，人類にとって極めて悲観的な様相を呈するだろう。

（村上陽一郎『文化としての科学／技術』岩波書店）

1．快適性や利便性への欲求にブレーキをかけることはできない。
2．科学技術がもたらす利便性は，人々の欲求を満たすものである。
3．エネルギーや環境の有限性を前提に，技術を捉えなおすべきだ。
4．エネルギーの有限性を超えられるエンジンの開発が必要だ。

VIII　オオバコの茎の構造について，次の文章の内容と合っているものはどれですか。

8

雑草というと，踏まれて生きるというイメージがあるかもしれないが，その代表格がオオバコである。オオバコは人に踏まれやすい道ばたやグラウンドによく生えている。

オオバコが踏みつけに強い秘密は，「やわらかさ」と「硬さ」にある。オオバコの葉は，とてもやわらかい。このやわらかい葉が衝撃を吸収するのである。もし，これが頑強な葉であると衝撃を受けて，破れてしまうだろう。しかし，ただやわらかいだけでは，ちぎれてしまう。そのためオオバコは，葉の中に丈夫な筋を通している。葉をちぎってそっと引っ張ってみると，この筋を抜き出すことができる。やわらかさの中に硬さをあわせ持っているから，オオバコの大きな葉は丈夫なのである。やわらかいだけでも，硬いだけでも，ダメなのだ。

茎も，やわらかさと硬さをあわせ持っている。ただし，茎は葉とは逆の構造である。

（稲垣栄洋『スイカのタネはなぜ散らばっているのか』草思社）

1．茎の内側はやわらかく，外側は硬い。

2．茎の内側は硬く，外側はやわらかい。

3．茎の内側も外側も硬い。

4．茎の内側も外側もやわらかい。

IX　次の文章の内容と合っているものはどれですか。　**9**

高度成長時代が終わろうとしていた一九七三（昭和48）年，空前の建築《けんちく》ラッシュがおこります。「日本列島改造《かいぞう》」を目標にかかげた田中内閣が成立した翌年のことです。その一年間に新しく建設《けんせつ》された住宅《じゅうたく》の戸数は，じつに一九〇万五〇〇〇戸にものぼりました。生まれたばかりの赤ん坊《ぼう》までふくめて58人に一人が，新しく家を建てた計算になります。…（略）…

それだけ多くの住宅《じゅうたく》ができれば，核《かく》家族化はいっそう進行します。高度成長の初期には，若者《わかもの》がふるさとをはなれることによって，核《かく》家族化がおこりました。しかし，住宅難《じゅうたくなん》が解《かい》消《しょう》されるにつれて，都会でも，結婚《けっこん》した子どもたちが親とは別に住むようになってゆきました。

住まいが別になれば，それぞれの家庭に，テレビや冷蔵庫《れいぞうこ》や洗濯機《せんたくき》が必要になります。それを企業《きぎょう》の側から見ると，それだけ多くのモノが売れたということです。

（河津千代『日本の自然と木の文化』リブリオ出版）

1．高度経済成長の終わりごろには，住宅の建設数は減少した。
2．都会では，結婚した子どもが，親と同居するための家が増えた。
3．核家族化がおこったことによって電化製品がよく売れた。
4．住宅難によって，都会の核家族化が一層深刻になっていった。

X　下線部「面子を重んじる」とは，ここではどういうことですか。　**10**

大阪の〈食い倒れ〉に対して，京都の人は外面を非常に大事にするところがあるらしい。体面を飾るというか，あるいは面子《メンツ》を重んじるというか。

ですから着るものとか，住んでいる暮らしぶりとか，出されるお料理とか，そういうものを見ても，見た目がじつにきらびやかで美しく，配慮がゆきとどいているように感じられるんですね。

たとえば，高瀬川ぞいなどには，路地の奥にいかにも風情のありそうな，さぞかし中は素敵な趣味のお店だろうと思われるようなアプローチをもったお店がたくさんあります。

それでつい，ここならきっと洒落《しゃれ》たお座敷があるにちがいないと思って，のれんを分けくぐって中にはいると，はいったところが突然つきあたりというような，入り口のあたりに全エネルギーのほとんど七割ぐらいをかけて中が三割なんていうお店が，京都にはわりあい多い，といったら叱られるでしょうか。

見かけは非常に立派なお弁当であるけれども，実際には食べる部分が意外に少ししかなかったりもする。そういう体験を重ねているうちに，ひょっとしたら京都というのは，〈飾ること〉あるいは，〈装うこと〉を，非常に大事にする街ではないかと思えてきたわけですね。

（五木寛之『生きるヒント』角川書店）

1．外見よりも精神性を重んじること
2．相手の願望を最大限尊重するということ
3．装いや飾りをまず大事にすること
4．料理や屋敷を豪華にするということ

このページには問題はありません。
次のページに進んでください。

XI　次の文章を読んで後の問いに答えなさい。

日本の労働者たちは，ロボットを何の抵抗もなく受け入れたばかりでなく，ロボットに「花子」とか「百恵ちゃん」などと名前をつけて親しみ，リボンの飾りをつけたりした。「百恵ちゃん」というのは，当時人気の高かった歌手の名前である。そして機械の調子が悪いときには「今日は百恵ちゃんは機嫌が悪い」などと言い合っていた。つまり日本ではロボットは，当初から，人間と同じような仕事仲間として受け入れられてきたのである。…（略）…

このことは，日本人が昔から，動物や植物はもちろん，生命のない日常の道具類も，人間と同じような心を持った「有情の存在」と考えてきた心性と無縁ではないであろう。

このような日本人のメンタリティの例の一つとして，現在でも日本の各地で広く行なわれている「針供養」を挙げることができる。これは裁縫の縫針に対して，平素の働きに感謝し，その労をねぎらうため，丁寧に紙に包んで休ませたり，不用になったものを豆腐やこんにゃくのような柔らかいものに刺して，神社に納める年中行事の一つである。また，使い古してもはや役に立たなくなった筆をきちんと墓に埋めて供養する「筆塚」も，全国の神社や寺によく見られる。日本人にとって，縫針や筆はただの生命のない道具ではなく，心を通わせることのできる仲間であって，したがって，不用になった場合も，そのまま捨ててしまわず，人間に対するのと同じように，しかるべきやり方で弔うという風習が現在に至るまで続いている。

（高階秀爾『日本人にとって美しさとは何か』筑摩書房）

問１　筆者は，ロボットを仲間として受け入れた日本人のメンタリティを，どのようなものだと言っていますか。 **11**

1．ロボットにも人間と同じような心があると捉えている。
2．一緒に働けばロボットも心を持つようになると信じている。
3．人間の代わりにロボットが働いてくれると期待している。
4．ロボットは命令に逆らわず，人間を裏切らないと考えている。

問２　この文章において，「針供養」や「筆塚」の例を挙げて筆者が述べようとしていることとして，最も適当なものはどれですか。 **12**

1．日本人は日常の道具類を最後まで丁寧に扱うということ
2．日本人は生命のない道具にも心を見出しているということ
3．日本人は弔いのとき寺や神社を利用するということ
4．日本人は昔からの風習を今でも受け継いでいるということ

XII　次の文章を読んで後の問いに答えなさい。

いったいなぜ，現在の母親たちは，子どもの精神科の診察につき合おうとするのか。

いくつかのケースを見ている中で，そこにはどうも，ふたつの理由があるのではないか，と考えるようになった。…（略）…

ひとつは，子ども側の問題だ。子ども，とくに娘の場合は，あまりにも長く母親の意思や信念にあわせる形で生きてきたので，ひとりになると何をどう話したり答えたりしてよいか，わからなくなるのだ。しかも，その母親の意思や信念は，言葉により子どもに伝えられてきたのではない。診察室の中で繰り広げられているように，子どもは母親の微妙な表情や態度，ときには気配からその真意を読み取っては，それに沿う形で自分の気持ちを決定してきたのだろう。

なぜ，現在の母親たちは，かつての“教育ママ”のように，はっきり口に出して「勉強しなさい！」などと子どもに自分の価値観を押しつけようとしないのだろう。

それは，教育ママが活躍した高度成長時代から一九八〇年代が終わり，九〇年代半ばになって「個人の自立」の重要性がさかんに主張されるようになると，とにかく表面的には「母親が子どもに特定の考えを押しつけるのはよくない」という考えが急速に広まり出したからだ。

密室育児の末の家庭内殺人事件が報道されたり，九〇年代半ばには受験エリートたちが…（略）…恐ろしい事件を起こしたり，といったことも続き，母親たちはどう子どもを育てればよいのか，ますますわからなくなってしまったのではないだろうか。

（香山リカ『母親はなぜ生きづらいか』講談社）

問1　下線部「子ども側の問題」とはどのようなことですか。　**13**

1．自分の考えを相手に伝えることができないということ
2．母親の表情や態度から真意を読み取ることができないということ
3．自分一人では他人の話す内容を理解できないということ
4．自分の意思や信念を心に持つことさえできないということ

問2　本文の内容と合っているものとして，最も適当なものはどれですか。　**14**

1．教育ママたちは，厳しく叱ることで子どもの価値観の成長を促していた。
2．子どもの自由と自立を尊重した結果，子どもが凶悪事件を起こすようになった。
3．現在の，子どもの自立を重視しようという考えは，表面的なものにすぎない。
4．現在の母親は，子どもに自分の気持ちを優先してほしいと考えている。

XIII　次の文章を読んで後の問いに答えなさい。

*保護主義というと，ややもすると「甘い」処置という印象を与えるが，かならずしもそうではない。大人では罪に対する応報刑としての罰という考え方が基本にあり，行為責任を追及する罪刑法定主義にもとづいて処分が決定されるが，少年の場合には，あくまで人間を見て，その発達と教育を正しい方向に向けることを目的とする。したがって，同じ殺人の罪を犯しても，少年院に送られずに在宅で保護観察を受ける少年もいれば，万引きやけんか程度の非行で少年院に収容される少年もいる。またその収容期間も，罪の軽重によってではなく，院内での矯正・教育の効果によって違ってくる。もっとも，少年院の収容は成人犯罪者に比べればおおむね短く，二年をこえることは稀である。

このような少年法は「愛の法律」と呼ばれることがある。

また，その根底に「国親思想」がある，と指摘する人もいる。国親（parens patriae）とは，国家が青少年の保護者・後見者の役割を取ることである。もともとはイギリスのコモン・ローに発する思想で，親に死なれたり棄てられたりした子供を領主や国王が救済・保護・養育したことから拡大・発展した。これは非行を犯した少年少女に対してもしだいに適応されるようになり，非行に対しても社会福祉的・保護的・教育的な態度でのぞむようになったという伝統がある。

（福島章『非行心理学入門』中央公論社）

＊保護主義：青少年の将来のために，その健全な育成を目指す考え

問1　この文章では，少年の犯した罪と処分の関係についてどう述べられていますか。 **15**

1．罪の代償として罰を与えるという考えに基づいている。

2．状況に関係なく，画一的な教育を施すシステムを採用している。

3．大人が罪を犯したときと同様の処分が下りやすい。

4．同じ罪でも，少年の状況や態度によって処分が違うことがある。

問2　この文章の内容と合っているものはどれですか。 **16**

1．少年法は罪を償わせることよりも更生させることを重視している。

2．日本では，イギリスに発した国親思想に批判的な意見が多い。

3．非行少年を少年院に入れることは，国親思想の例外といえる。

4．国親思想は，非行少年の更生と救済を目指すことから始まった。

XIV　次の文章を読んで後の問いに答えなさい。

ここ二十年ほど，競争的資金に応募して，研究費を勝ち取ってくることが研究者の義務だというアメリカ型の考え方が日本に導入され，一九九五年には日本の法律となった科学技術基本法や，それに基づいて実施されている科学技術基本計画が示しているように，科学研究は，政治問題でもあります。そして私たちもそれが当然のことと考えています。

それでもアメリカの場合は，競争的資金を与える側の幅がものすごく広いのです。グッゲンハイム財団やロックフェラー財団のような強大な基金から，地域の小さな財団に至るまで，幅の広い層があって，そのなかには「社会のためなど関係ない，面白いことをやってほしい」という芸術家の庇護者タイプの要求をもつスポンサーもいます。ある地域の小さな川の景観を保全するための研究に限って研究費を支援する，といったスポンサー自身の人間性を打ち出す例もあります。…（略）…

ところが日本で競争的資金といったとき，それがたとえ企業や民間の財団のものであっても，誰が決めたわけでもないのに，「社会のために役立つ」ということを研究成果のなかに入れなければ，いかなる研究も審査に通らないという風潮が蔓延しています。だから研究者のほうも，社会の役に立つということを強調するために，ありもしないことをも書くことになるし，資金提供側もそれが入ってないと（　A　）ということで落とす。そんな漠然とした空気ができあがってしまっているのです。

（村上陽一郎『人間にとって科学とは何か』新潮社）

問1　（　A　）に入るものとして，最も適当なものはどれですか。　**17**

1．面白味に欠ける
2．持続性に欠ける
3．公共性に欠ける
4．真実味に欠ける

問2　筆者は，競争的資金についてどのように述べていますか。　**18**

1．日本では地域の小さな財団が研究費を出す場合が多い。
2．日本では企業にとって役立つ研究にだけ資金援助がされる。
3．アメリカでは芸術的な研究への資金援助はされにくい。
4．アメリカでは資金援助をする財団の要求は多様である。

XV　次の文章を読んで後の問いに答えなさい。

単純賃労働の社会では，労働者は，たとえ自分の肉体的力だけを提供するものであれ，自分の労働能力を商品として市場に投げ出すことができた。彼の労働能力がどのようなものであるかは，それが労働力市場にあらわれた時点で決定していたのである。誰に雇われようと彼の労働能力は普遍的な価値をもっていた。すなわち，彼には彼の固有の労働能力があったのである。

しかし，資本制生産様式のもとでの労働力商品はそうではない。労働力市場にある間は労働力商品にはいかなる労働能力も備わっていないのである。労働者はいかなる労働能力も所有していない，いわば白紙の状態で労働力市場にあらわれる。そうして彼がなんらかの労働能力の所有者になるのは，彼が生産－労働過程のなかに入って，生産過程の求める労働能力を身につけさせられたときからである。すなわち，単純賃労働の時代にはまず労働能力があって，必要な労働力商品を生産過程が求めたが，資本制生産様式のもとでは，生産過程がひとつの生産システムとして形成され，それに適応する能力が労働能力にすぎないのである。資本制労働力商品は，商品の生産過程の論理に規定されることによって，はじめて商品たりうる。

この変化は，労働力商品の価値の意味をも変えていくように思われる。いうまでもなく，労働力商品の価値とは，それを再生産するために必要な価値量によって決定される。いわば労働力の再生産費が労働力商品の価値である。とともに，もともと労働力の再生産は労働者の生活過程のなかで実現していた。もちろん現代に至ってもこのことは基本的に変わらない。

（内山節『労働過程論ノート』農山漁村文化協会）

問1　「単純賃労働の社会」における労働者の説明として，最も適当なものはどれですか。
19

1．労働を通じて，固有，かつ普遍的な価値を獲得する。

2．労働力市場に出ただけでは，何の価値も持っていない。

3．普遍的価値を有し，固有の労働能力を持っている。

4．能力は不要で，求められたことだけしていればよい。

問2　「資本制生産様式」の説明として，最も適当なものはどれですか。
20

1．労働者の固有の能力を前提にした生産システムを形成している。

2．労働力商品の価値は，いかに単純作業ができるかによって決まる。

3．労働力商品になるためには，生産過程への適応が不可欠である。

4．労働者は，労働力市場において固有の能力をアピールする必要がある。

XVI　次の文章を読んで後の問いに答えなさい。

　文字の読み書き能力に関するかぎり古典的「エリート」はもはや消滅しているようにみえる。かつて公文書をはじめとするもろもろの書類を作成する能力はかなり高度の教育をうけた人間が独占していたのに，いまではそんなこと，だれにでもできる。理由は簡単で，教育，とりわけ高等教育が大衆化したからである。

　むかし，といっても，ついこのあいだまで大学教育というものは社会のなかでほんとうに選ばれたごく少数者の特権だった。はげしい選抜試験をうけてめでたく合格し，卒業したその少数者は官界に入り，高級官僚になり，やがて大臣になった。そして国民の大部分は小学校教育を修了するとすぐに農林漁業，商工業などの職業につくのがふつうであった。男女を問わず，庶民の家庭ではこどもが十二，三歳になると商店の丁稚，工場の見習い，子守，女中奉公などの「職業」についていたのである。そういうふつうの日本人の暮らしからみれば「エリート」の生活は雲の上のオハナシであった。ましてやむずかしい古今東西の書物を読み，めんどうな文章を書く，などということはとうてい常人のなしうることではなかった。それを現代語では「学歴差」という。その*懸隔はいまのわれわれには想像もつかないほどの格差であった。

（加藤秀俊『常識人の作法』講談社）

＊懸隔：二つの物事の間に大きな違いがあること

問1　下線部「エリート」とありますが，ここでいうエリートの例として，最も適当なものはどれですか。　**21**

1．才能があり，高等教育を受けなくても高度な文章を書ける人物
2．商業の担い手になるために，苦学して大学を卒業した人物
3．高等教育を受け，読み書きに長けて官僚として働く人物
4．まだ子供の早い時期から，職業について労働している人物

問2　筆者によると，昔とは異なり，現在では当たり前になったことはどれですか。　**22**

1．生活の格差
2．学歴差
3．読み書きの能力
4．激しい選抜試験

XVII　次の文章を読んで後の問いに答えなさい。

電車の車内放送が，ほかの人に迷惑だからというので，ケータイ電話を使用しないようにと注意する。ことに騒音の大きな地下鉄の車内での注意が多い。

ある乗客が，

「電車がこんなにうるさい音を立てて走っているのに，乗客のかける電話をじゃまにするのは見当が外れているのではないか」と云った。…（略）…

この人は，実は，大事な点を見落している。なぜたいした音でもないケータイがうるさいのか，という点である。

ケータイがまわりの乗客に迷惑になるのは，音の大きさではない。まわりの人にとって電車の騒音以上に気になるからである。どんな大音響でも，電車のモーターの音，車輪の立てる音なら，それほど気にならないのである。なぜ気にならないのかというと，電車の騒音は無意味だから，きいていておもしろくないかわり，いやでもない。単純な騒音は不快であっても，関心の対象にならない。問題にしないから，車体の発する騒音はいくらか圧縮されてきこえる。

走行中の電車の中の会話を録音すると，たいていは，電車の騒音で打ち消されて，ききとれない。しかし実際，車中では話している人たちには，相手の云うことはわかっている，きき取れているのである。騒音を抑えて，ききたい相手の声は（　A　）してきいているのである。

つまらぬことには耳をかさないというが，意味のないことだと思うものに対して，人間は無意識的に耳をふさぐ，きこえを悪くする作用をはたらかせているようである。

ところが，となりの人のかけている電話は，きくなといわれても，きかずにいられない。本能的に好奇心がうごめく。…（略）… しかし騒音の大きな車中では，よくききとれない。それで一転，うるさいとなるのである。立ち聞きがうまくできないことに対するイラ立ちが，ケータイへの苦情になる。ケータイを止めさせよ，という乗客の苦情が多くて，「まわりの乗客のご迷惑になります」の車内アナウンスになるのである。

（外山滋比古『第四人称』みすず書房）

問1　（　Ａ　）に入るものとして，最も適当なものはどれですか。　**23**

1．減衰
2．増幅
3．発展
4．削減

問2　下線部「無意識的に耳をふさぐ」例として，最も適当なものはどれですか。　**24**

1．難しい授業では，教師の説明を理解できない。
2．子どもが，母親からの注意に対して反抗する。
3．隣の家の夫婦げんかの声を聞いていないふりをする。
4．毎日利用する通勤電車の車内放送を聞いていない。

問3　この文章で，筆者はケータイ電話がうるさいと感じる理由は何だと述べていますか。
25

1．ケータイ電話での会話は，聞きたいのに聞き取れないから
2．ケータイ電話での会話は，電車の走行音よりも大きいから
3．ケータイ電話での会話は，聞いても無意味でつまらないから
4．ケータイ電話での会話は，乗車マナーに反する行為だから

第 9 回の問題はこれで終わりです。

解答・解説は p.346 を参照してください。

第10回

実戦問題

解答時間 70分

正解と得点分布図確認

QRコードを読み取ってオンライン解答用紙に解答を記入し、正解と得点分布を確認してください。

記述問題

説明

記述問題は，二つのテーマのうち，どちらか一つを選んで，記述の解答用紙に書いてください。

解答用紙のテーマの番号を○で囲んでください。

文章は横書きで書いてください。

解答用紙の裏（何も印刷されていない面）には，何も書かないでください。

記述問題

以下の二つのテーマのうち，どちらか一つを選んで 400～500字程度で書いてください（句読点を含む）。

1．

現代社会では，科学技術《かがくぎじゅつ》が重視《じゅうし》され，科学技術で様々《さまざま》なことを解決《かいけつ》しようとする意見があります。しかし，社会問題の解決について科学技術に頼《たよ》ることは本当に正しいことなのでしょうか。

「科学技術で社会問題を解決できる」という考えに対する*反論を，例を挙げながら具体的に述べなさい。

2．

多くの学生は，大きな会社に勤《つと》めることを価値のあることと考え，より大きな会社に就職するために就職活動をします。しかし，大きな会社に就職することは本当に価値のあることなのでしょうか。

「大きな会社で働くことが最重要である」という考えに対する*反論を，例を挙げながら具体的に述べなさい。

＊反論：相手の考えに対して，「それは必ずしも正しいとは限らない」と主張する意見

読解問題

説明

読解問題は，問題冊子に書かれていることを読んで答えてください。

選択肢１，２，３，４の中から答えを一つだけ選び，読解の解答欄にマークしてください。

Ⅰ　次の文章で，筆者が最も言いたいことはどれですか。　**1**

仕事などで忙しい人々に運動をする機会を持ってもらうために，自治体や企業が，様々な方法を提案しています。その中で今一番話題のキーワードは「生活の中」です。これは，無理をして運動する時間を取るのではなく，生活の中で運動する量を増やそうということを意味するキーワードです。現在，様々な自治体や企業が特に力を入れているのは歩くことです。中には，携帯電話の歩数を計測する機能を利用して，一定以上の歩数や距離を歩いたら商品などが無料でもらえるサービスを提供しているところもあります。こうしたサービスを提供することで，通勤・通学時や家庭内で少しでも多く歩くことを促進しているのです。

一部では，企業が宣伝のためにそのようなサービスを打ち出していると批判する人もいます。自治体がサービスを行う場合も税金の無駄遣いだという人もいます。たしかにそういう面はあるかもしれませんが，人々がよく歩くきっかけとなるのも事実です。健康に役立つわけですから，このような取り組みをしてみるのは良いことだと思います。

1．忙しさを言い訳にせず，意識して運動時間を作るべきだ。
2．運動分に応じてのサービス提供は，運動意識を高める。
3．生活の中で運動量を増やしても，健康には役立たない。
4．自治体や企業の健康への取り組みは，偽善に過ぎない。

II　次の募集案内の内容と合っているものはどれですか。　**2**

大学構内をきれいにしよう。週末に大学をきれいにしませんか？

説 明 会：（１回目）９月６日(木)　10:00〜
（２回目）９月７日(金)　13:00〜
１号館　２Ｆ　Ａ室
※都合の良いほうに参加してください。

活 動 日：（１回目）９月23日(日)　９:00〜10:30
それ以降は，毎週日曜日に活動を行ってもらいます。
※大学構内を７つのエリアに分けて，グループで清掃を行います。

応募方法：住所と希望清掃エリアをＡ４の紙一枚にまとめ，学生証のコピーと共に大学事務室に提出してください。書類確認の上，８月末までに参加証を発送します。（応募者多数の場合は，先着順になります）

応募締切：８月22日(水)

参加条件：（１）本学の大学生・大学院生
（２）事前説明会に必ず参加すること

謝　　礼：規定に従って支払います。

■問い合わせ先
大学事務室：担当　田中

1．清掃するエリアは，応募者が自分の都合によって決められる。

2．大学構内の清掃を無料でしてくれる人を募集している。

3．採用は送られた応募書類による選考と面接によって決められる。

4．事前に開催される説明会に両日とも出席する必要がある。

III　下線部「まるで禅問答である」とありますが，筆者はここでどういうことを言いたいのですか。　**3**

雑草を完全に根絶やしにすることは難しい。

この雑草を完全になくす方法が一つだけあると言われている。意外なことに，それは，「雑草をとらないこと」だと言うのだ。

まるで禅問答である。これは一体，どういうことなのだろう。

草取りをしないとどうなるのだろう。

草取りをしなければ，雑草がどんどんはびこっていってしまうことだろう。やがては，雑草ばかりか灌木《かんぼく》など，大型の植物がどんどんと生えてきて，そこは草木が生い茂った藪《やぶ》となる。そしてそこは，ついには木が生えた森となってしまうことだろう。

「雑草」と呼ばれる植物は，一般に他の植物との競争に対して弱い。だから，雑草は豊かな森には生えることができない …（略）…。

草取りをしないと，競争に強い大型の植物や木々が生い茂る。こうなると，雑草と呼ばれる植物は，生存することができなくなってしまうのだ。

（稲垣栄洋『雑草はなぜそこに生えているのか』筑摩書房）

1．雑草をなくすために雑草をとらないとは，非論理的で理解が難しい。

2．雑草をとらない，という植物を大切にする考え方は禅の心に通じる。

3．雑草をとらないと雑草は生い茂る一方なのだから，誤った答えである。

4．雑草を完全になくすのは不可能なのだから，その方法を考える必要はない。

Ⅳ　次の文章で，筆者が最も言いたいことはどれですか。　**4**

　小学校の学級は，教師一人に対して，あとは子どもたちばかりの集団なので，下手をするとこれは教師を王にいただく王国のようになってしまう。そして教師は，自分だけが絶対に正しい存在として，絶対的な権力をもった王として君臨することになる。このようになると，何が正しいか，何をなすべきかなどが一義的にきまってしまい，全体が王の号令によって動くことになるので，ユーモアなど生まれるはずがない。それは，ある点から言えば見事に秩序立っているが，きわめて弾力性に欠けた，もろい構造になってしまう。
…（略）…
　このように考えると，教師は，王様であったり道化であったりしなくてはならないようである。教師のなかにはユーモアの必要性を強調し過ぎるあまり，道化になってしまう人があるが，それはやりすぎである。時によって，王であったり道化であったりするところがなければならない。王と道化と言っても，人によってどちらかが得意であって，どちらかは苦手ということもあろう。各人はその点をよく意識していなくてはならない。

（河合隼雄『子どもと学校』岩波書店）

1．小学校の教室では，教師は王の役割を担う。
2．教師はユーモアと権力のバランスが大事だ。
3．教師が王や道化を演じることは生徒を混乱させる。
4．教師は，ユーモアの必要性を過大視しすぎている。

V　この文章で，筆者が「人間の知恵」と言っていることはどれですか。　**5**

乱暴なことを言うようですが，たとえば薬にはすべて作用と副作用がある，とぼくは思っています。副作用のない薬など薬ではありません。物には常に盾《たて》の両面といいますか，プラスとマイナスの両面があって，そのプラスとマイナスの両面があるからこそ何かの役に立つのです。

よく効《き》く薬とはどこかで強い副作用を持っているものだ。言いかえれば，副作用のない薬など薬ではない。私たちは冷静で慎重な計算のもとにその作用と副作用のプラス・マイナスを加減しながら役立ててきました。これが人間の知恵というものでしょう。

（五木寛之『生きるヒント』角川書店）

1．思慮を巡らせ，薬の長所と短所を調整して使用すること
2．薬の副作用に対する恐れを捨てて，薬を使う決断をすること
3．すべての薬には作用と副作用があると認識すること
4．副作用が出ないような，新しい薬を作ること

VI　次の文章の（　A　）に入るものとして，最も適当なものはどれですか。　**6**

誤解されがちなことですが，ノーベル賞の授与にあたり，国家や社会に役立つか役立たないかということは選定理由にはなっていません。アルフレッド・ノーベルの遺言には「(前の年に) 人類に対して最も偉大な貢献をした人に」のことばがありますが，ダイナマイトの兵器利用に晩年まで苦悩した事業家ノーベルにしてみれば，（　A　）を評価する目的はなかったということは，はっきりいえます。

分野によって多少の違いはありますが，あるのはただ，個人的な好奇心の発露であり，真理への探究心に駆り立てられて科学に取り組む人間に対し，利得を得ようなどとは発想もせずに*フィランスロピーの原理にのっとって財を投げ出してきた，ノーベルの生きていた時代そのままの精神です。ノーベル賞は，その結果としての贈り物なのです。

（村上陽一郎『人間にとって科学とは何か』新潮社）

＊フィランスロピー：人類愛にもとづき，人々の幸福を目指して利他的活動や奉仕的活動を行うこと

1．個人的な好奇心の内容

2．フィランスロピーの原理

3．研究成果の利用価値

4．兵器利用した時の価値

VII　下線部「『危うい』状態」とは，どういうことですか。　**7**

より大きな安全を求めて危害を与える，あるいは危害を与えつつより大きな安全を目指す，というのが医療の本質であるとすれば，そして，それが，安全と危害との間の，綱渡りのような危うい バランスの上に成り立っているものであるとすれば，医療はどうしてこれほどまでに安全という概念に関して，無頓着で済まして来られたのであろうか。

その原因の一つは，安全と危害との間の危うい バランスが，文字どおり「危うい」状態に追い込まれる機会が過去に比較的少なかった，と言えるのかもしれない。逆に見れば，「危うい」状態が目立ち始めたのは，高度医療の進展に並行しているとも言えるのだろうか。

過去においては，医師が一般的に人々の信頼を得てきたのは，診断にも治療にも，様々な一見「危害」と思われるような行為を患者に行ったとしても，最終的な目的，すなわち患者のより大きな利益と安全とを保証する，という目的を遂行するためであることが，疑われる機会が，ほとんどなかったからであったとも言える。

（村上陽一郎『安全学』青土社）

1．医療行為が，患者の利益になるかどうか確信できなくなっている状態
2．医師や医療を過信し，医療行為の危険性を顧みなくなっている状態
3．高度医療がもてはやされ，昔からの医療行為が軽んじられている状態
4．医療行為の安全と危害のバランスに，人々が無頓着になっている状態

VIII　次の文章で，筆者が最も言いたいことはどれですか。　**8**

哲学が「わかる」ためには，二つの道筋がある。ひとつは天与の哲学的人間であること。もうひとつは，小学生くらいのころから哲学的思考の基礎を学ばせることだ。この教育をきちんとやる国の学生たちは，おおむね哲学が「わかる」。私は哲学タイプに生まれなかったし，小学生のころはモールス信号や手旗訓練，中学のころは田植えや芋掘りをして育った。だから哲学は私には「わから」ない。

しかし，哲学の本当に大事なことは，「わかる」「わからない」ではないはずだ。それは信仰にも同じことが言える。教義や念仏の意味が「わかった」としても，それがどうしたというのか。信じるとは，ただ信じるだけのことである。*親鸞《しんらん》が「他力《たりき》は義なきを義とす」と言うのは，そのことだろう。

（五木寛之『退屈のすすめ』KADOKAWA）

＊親鸞：日本の仏教僧

1．哲学は，「信じる」ことで，だんだんと「わかる」ようになる。
2．哲学を本当に「わかる」には自然の中で育つことが必要である。
3．哲学においては，「わかる」かどうかにこだわる必要はない。
4．哲学は学べば「わかる」のだから才能の不足を嘆く必要はない。

IX　次の文章は，人工の臓器について述べたものです。下線部「そういうもの」が指す内容として，最も適当なものはどれですか。　**9**

「神様には絶対に勝てないし，神様とケンカをしても仕方ないと思うんですよね。すばらしくいいものができたとしても，問題は必ず残るし，完璧じゃない。まあ結婚生活みたいなもんだな。デートをして，これは間違いないと新婚旅行に行って，朝起きてみれば，これはなんだ，ということってあるじゃない。しばらく暮らしていると，シミとかシワも出てくる。まあ石灰沈着とか*パヌスだな。けれども，化粧をしたり，妥協をしたりしながら，なんとか生活を続けていくしかない。人工腎臓だって完璧じゃないけど，十年，十五年と人の命を救っている。人工心臓もそういうものだと思いますよ」

（後藤正治『人工心臓に挑む』中央公論社）

＊パヌス：細胞が増殖して形成された組織。体の正常な機能を阻害する

1．神様が作り出したすばらしいもの
2．ある時点で期待を裏切るもの
3．日が経つにつれ対応できない問題が生じるもの
4．不完全ながらも長期間寄り添っていくもの

X　次の文章の内容と合っているものはどれですか。　**10**

数年前になりますが，在日アジア人留学生と日本の学生が協力して，それぞれの国で親しまれているポップスや民謡を翻訳しあいました。そしてその成果を，「音楽を通じて，お互いの文化を理解しあう《サウンド・オブ・エイジャ・コンサート》」という形で実現したのです。加わったのは，タイ，マレーシア，パキスタン，フィリピン，スリランカ，シンガポール，インド，台湾，香港，日本の十か国の男女大学生，高校生であり，この企画は大成功に終りましたが，そもそものきっかけは，「歌にこそ民族の心が生きているのに，歌詞がわからないとその内容が通じないのではないか」という気持からでした。

ところが，翻訳作業はまことに困難を極めました。ただ単語を置きかえていくなどという仕事でないことは覚悟していたそうですが，文法上の問題以上に彼らを悩ましたのは文化そのものの違いだったのです。

（丸山圭三郎『言葉とは何か』筑摩書房）

1．単語と文法がわかれば，時間はかかるが歌詞の翻訳はできる。
2．歌詞を翻訳した学生は歌から文化を知ることができると考えていた。
3．結局，文化が違うために，歌詞を翻訳することができなかった。
4．文化の違いによって共同作業ができず，学生たちは喧嘩をした。

このページには問題はありません。
次のページに進んでください。

XI　次の文章を読んで後の問いに答えなさい。

アサガオの種をまくには，ひと工夫が必要である。

アサガオは種子の皮が硬いので，そのまままいても，なかなか芽が出ないのだ。そのため，種子をまく前に，ナイフで切り込みを入れたり，紙やすりなどで種子の皮を傷つけないといけないのである。もっとも，最近では売られている種子は，すでに処理が行われているため，そのまままくことができるものが多い。

このような硬い皮を持つ種子は「硬実《こうじつ》種子」と呼ばれる。

それにしても，どうして芽を出さなければならないはずの種子が，わざわざ芽が出にくいような硬い皮を持っているのだろうか。

アサガオは，秋になると枯れて種がこぼれ落ちる。しかし，その時期に芽を出すと，やがて来る冬の寒さで，すべて枯れてしまう。そのため，種子が落ちてもすぐには芽を出さないようになっているのである。そして，春になるころには，種皮《しゅひ》もやわらかくなり，芽を出すようになるのである。

ひと手間かけなくてもまくことのできる種子は他にもあるのに，わざわざ種皮に傷をつけて，アサガオの栽培が学校で行われるのには理由がある。

アサガオはつるで伸びるつる植物である。つる植物は，支柱などを支えにして伸びていくので，茎を頑強《がんきょう》にする必要がなく，茎を頑強にする分のエネルギーを使って，どんどん伸びていくことができるのである。そのため，アサガオは成長が速い。双葉が出て，本葉《ほんば》が出れば，次々に葉を増やして伸びていく。この成長の速さが，子どもたちが観察をするのに適していたのである。

（稲垣栄洋『スイカのタネはなぜ散らばっているのか』草思社）

問1　筆者は，この文章の中で，アサガオの種子が硬い皮を持つのはなぜだと述べていますか。 **11**

1．種子の中の芽を傷つけないため
2．冬の寒さや乾燥から種子を守るため
3．動物に食べられないため
4．生き延びられる季節に芽を出すため

問2　筆者によると，アサガオの栽培が学校で行われる理由はどれですか。 **12**

1．種子が硬いため，子どもでも扱いやすいから
2．葉の構造が単純で理解しやすいから
3．茎を頑丈に補強する作業が必要ないから
4．すぐに成長するので観察しやすいから

XII　次の文章を読んで後の問いに答えなさい。

これまで「本を出版する」というビジネスは，出版社の手によって独占されていました。

正確に言えば，出版社は大手から零細までたくさんあって，誰でも参入できるビジネスなので，「(　A　)」という言葉は的確ではないかもしれません。でも，たとえばブログを書いている人とか作家志望の青年とか，普通の個人が自由に本を出せるというような状況ではなかったことも事実です。

自分で印刷所に依頼して自費出版で本を作ることは不可能ではありませんが，しかしそうやって作った本は書店への流通には乗らない。つまり，素人が自分の本を書店の棚に並べるのは不可能だったということです。

ちなみに，これを「自費出版じゃなくて共同出版ということにすれば可能ですよ。うちで一緒に本を出せば書店の棚に並びますよ」と素人の書き手に自費出版幻想をあおって大儲けしたのが，二〇〇八年に倒産した新風舎でした。しかし新風舎は書き手から数百万円もの大金をとっておきながら，実際には特定の書店の小さなコーナーでしかそれらの本を並べてくれず，「これは素人を食い物にした詐欺まがいの商法じゃないか」という批判が多く出て，最後は破たんしたのでした。

しかし電子書籍の時代になると，こういう怪しいビジネスはもう成り立たなくなります。なぜなら誰でも本を出版できるようになるからです。

(佐々木俊尚『電子書籍の衝撃』ディスカヴァー・トゥエンティワン)

問１　（　Ａ　）に入る言葉として正しいものはどれですか。　**13**

１．独占
２．出版
３．素人
４．不自由

問２　筆者によると，電子書籍の時代になることで，どういうことが起きますか。　**14**

１．小規模な出版社が大手に圧倒され倒産する。
２．出版の方法が多様になり共同出版がはやる。
３．印刷所を利用した自費出版が一般的になる。
４．望みさえすれば本を社会に出すことができる。

XIII　次の文章を読んで後の問いに答えなさい。

目が見ることは，カメラと同じだ。カメラの場合にはフィルムが奥《おく》にあり，そこに映像を定着させる。人間の体の場合にはそのフィルムが生きている網膜《もうまく》だから，当然ながら，それは有機的で，常に揺《ゆ》れ動《うご》いていて，確定したものではない。だから当然錯覚も生まれる。むしろ錯覚の生じる分野には，そこからふくらんだものが，想像力となったり，あるいはそれがさらに創造力に転化したり，そういう方向に広がっていく入口があるような気もする。

目には錯覚があるから面白《おもしろ》いのだ。実用面での目の錯覚は困りものではあるけれど，しかし人間の目に錯覚がなかったら，人生はつまらないものじゃないだろうか。そもそも芸術なんて生まれるだろうか，結婚《けっこん》なんて出来るだろうか。いや，いきなり大人の話になってしまったが，ものごとを正確に見るだけならともかく，錯覚によってあらぬものを見てしまって，そこからあらぬものが広がって，あらぬものが生まれたりする。人生はそういう錯覚によって陰影《いんえい》が生まれたりして，いろいろと面白く転がっていくものでもあると思う。

（赤瀬川原平『目玉の学校』筑摩書房）

問１　下線部「錯覚も生まれる」のはどうしてですか。　**15**

1．人間の目は，想像力によって自分が見たいものを見ようとするから
2．人間の目の網膜は，機械とは違って，常に揺れ動いているから
3．人間の目に映る物の多くは，それ自体が微妙に揺らいでいるから
4．人間の目は年をとると物をはっきり見られなくなっていくから

問２　錯覚について筆者の考えと合っているものはどれですか。　**16**

1．錯覚の存在よりも，真実を突き詰めることのほうが大切である。
2．錯覚の存在は人生を面白くさせるが，結果的には害のほうが大きい。
3．錯覚が存在しなければ，何のために生きているのかわからない。
4．錯覚の存在によって，今まででは考えられないことが起こりうる。

XIV　次の文章を読んで後の問いに答えなさい。

キノコは不思議な生き物である。現在，わが国でわかっているのは，四千種ほどといわれるが，未確認が二千種ほどにものぼるそうだ。正確な数は誰にも言えない。そして年ごとに新種が生まれてくる。その変幻自在なところからだろうが，西欧では姿が千変万化する伝説の生き物「プロテウス」になぞらえられてきた。

キノコの秘密を学者はいろいろ解明してきたが，それでもはっきりとは摑めていない。(　A　)わからないことのほうが，はるかに多い。菌糸体の一つ一つが独自の働きをして，独特の形成をする。目に見えないものが作用していることはたしかである。(　B　)季節がくると，とりわけ秋の到来とともに，森のあちこちで，むくむくと生え出てくる。

新生児には名前が必要だ。その名づけ方からして，人間がいかに，この気まぐれな生き物に手こずってきたかが見てとれる。ものごとに窮したとき，さしあたり既存のものを代用するが，まさにその流儀である。キノコの標準和名とされるものは，たいてい動物や鳥や虫や魚や樹木，はては日用品を借用して名づけられている。

(池内紀『森の紳士録』岩波書店)

問１　（　A　），（　B　）に入るものの組み合わせとして，最も適当なものはどれですか。
17

１．A：なぜならば　　B：しかし
２．A：むしろ　　　　B：だからこそ
３．A：だからこそ　　B：また
４．A：つまり　　　　B：だからこそ

問２　下線部「この気まぐれな生き物」とは何ですか。 **18**

１．新生児
２．キノコ
３．学者
４．目に見えないもの

XV　次の文章を読んで後の問いに答えなさい。

科学に，実用的側面と非実用的側面の双方があるのは当然である。前者が役に立つ科学，後者が役に立たないということになる。元々，日本は遅れた科学国家として出発したから，生活や生産に役立つ部門が「実業」として重視され，「実業の日本」を標榜してきた。どの時代にも「科学技術立国」と唱えられたが，それは富国に役に立つ「科学技術」であったのだ。その偏りがずっと基礎科学軽視として続いてきた。まさに，基礎科学は「虚業」として，継子扱いされてきたと言える。それに慣らされたわけではないだろうが，科学者にも「役に立つ」ことを強調する癖が身に付いてしまったらしい。科学の本来的な「価値」を正面からぶつけることを回避し，国家の威信を高めるための寄与を含めて，社会に役立っていると認めさせせようとしているかのようである。

阪神淡路大震災で見事に反証されたのだが，科学者たちは，日本の高速道路は絶対安全と保証していたし，いずれ地震警報が出せると約束もしていたのだ。そうでないことが明白になって，科学者の信用がいっぺんに下落してしまった。わかっていることの限界を忘れて，あたかも万能であるかのように科学を社会に売り込むことは，科学にとって（人間にとっても）決して為にはならないことを如実に示している。むしろ，科学者の傲慢さと軽薄さが大写しになって見えるだけなのである。

（池内了『転回期の科学を読む辞典』みすず書房）

問１　下線部「それ」とはどういうことですか。 **19**

1．科学には実用的側面と非実用的側面の両方があること
2．日本が，実用的科学を重視していたこと
3．日本が，遅れた科学国家として出発した事実を忘れたこと
4．科学は万能であるという思い込みを持つこと

問２　科学について，筆者の考えと合っているものはどれですか。 **20**

1．科学は実用性を重視してはならない。
2．科学者は地震速報を出すことを断念すべきだ。
3．国のために科学の力を使ってはならない。
4．科学が通用する領域を謙虚に捉えるべきだ。

XVI　次の文章を読んで後の問いに答えなさい。

近年，新しいタイプの非行として注目されるものに，「遊び型非行」がある。もっとも，「遊び型非行」とは何か，という点には専門家の間に多少の議論があり，厳密な定義はまちまちであるが，この言葉で指している現象にはだいたいの同意があると考えられる。すなわち，「遊び型非行」とは，非行の動機がその行動以外に何らの目的をもたない非行，「遊び」的要素が強い非行のことである。

「遊び」という言葉から，たとえば万引きのような，軽い問題行動を連想する人もいるだろう。よく「スーパーでの万引きがふえたというが，昔の子供ならよその家のカキの実を盗んでどなられるようなことにすぎない。しかし，生活環境が変わり，通学路にカキの木のかわりに，スーパーや本屋・文房具屋しかないため，子供の行動も遊びやいたずらと見なされずに，非行と見なされるようになったのだ」という人もいる。この「スーパー＝カキの木」論にも一理があって，少年の問題行動のどこからを社会が非行とみなして警察などに届けたりするかという「犯罪化」の問題によって，非行率は大きく変わってくる。万引きなどでは，実際の窃取行動の数と，店の人に発覚する数の間には大きな差がある。また，店の人が取り押さえても，叱ったり親や教師を呼んで注意を促したりするだけのケースと，犯罪として警察に通報する数の間にも大きな差がある。

（福島章『非行心理学入門』中央公論社）

問１　「遊び型非行」について，専門家はどのような認識を共通して持っていますか。 21

1．行動すること以外に，特に目的がないという認識
2．見つかりにくく，簡単な犯罪であるという認識
3．大人を困らせることを目的としているという認識
4．万引きのような軽い犯罪であるという認識

問２　下線部「非行率は大きく変わってくる」とありますが，筆者は，その最も大きな要因は何だと考えていますか。 22

1．親や教師が子供に適切な教育を施しているかどうか
2．店の人と警察の意思疎通がうまくいっているかどうか
3．店の人が子供の非行をやめさせたいかどうか
4．子供の問題行動を犯罪と考えるかどうか

XVII　次の文章を読んで後の問いに答えなさい。

理想を追求してうまくいかないとすぐに行動するのをストップする若者と，理想をどんどん下げてとりあえず行動を続ける昔の若者。(1)いったいどちらが「すぐにあきらめる若者」なのだろうか。

「理想を下げたり自分にウソをついたりするのはイヤだ」と行動そのものをあきらめてしまう若者の心の中にあるのは，「いつまでも純粋に理想を追っていたい」という一種の理想主義だとも言える。しかし，だからと言って，どんなことをしても理想を実現しようと思えば，それまでの間は，どうしても純粋ではいられないこともある。「下積みからコツコツと夢に近づく」というと聞こえはよいが，その下積み時代には妥協，プライドの傷つき，ウソ，泥くさい努力，といった純粋で美しいとはいえないこともたくさん経験しなければならない。それに何より，理想を追求するまでの間にも生活はしなくてはならないのだから，お金も必要になってくる。

若い人たちには，理想を追求し，実現するまでのこの(2)担保期間が，どうしても受け入れられないのだろう。だから，ひとつかふたつ理想の企業を受けたり，歌手志望ならちょっとオーディションを受けたりし，ダメだったら「純粋でいられないくらいなら，もういいや」と引いてしまう。そしてまた何年後かに，ぽっと試験やオーディションを受けてみたりするのである。もちろん，その間も傷ついたり妥協したりするのを避けるために，それらしい努力や葛藤は何も経験していない。だから，次に試験を受けてもまず受かることはないだろう。

そうやって，(3)“純粋”なまま理想の実現を手に入れようとする若者たち。彼らの行動が大人からは「あきらめが早い」と見られてしまうわけだが，実は彼らほど理想を手放せない，「あきらめの悪い」人はいないのかもしれない。

（香山リカ『若者の法則』岩波書店）

問１　下線部(1)「いったいどちらが『すぐにあきらめる若者』なのだろうか」とありますが，理想の追求に対する若者の姿勢について，筆者はどのような意見を持っていると考えられますか。　**23**

1．昔の若者の方が，今の若者に比べてあきらめが悪い。
2．今の若者の方が，昔の若者に比べて，あきらめが悪い。
3．昔の若者も今の若者も，どちらもあきらめが悪いとは言えない。
4．昔の若者も今の若者も，同様にあきらめが悪い。

問２　下線部(2)「担保期間」のここでの意味として，最も適当なものはどれですか。　**24**

1．あえて何もせず，受身でいることが必要な期間
2．生活のために理想を忘れることが必要な期間
3．妥協をせず，理想を追求し続けることが必要な期間
4．現実もみすえた努力をし続けることが必要な期間

問３　下線部(3)「“純粋”」の意味として，最も適当なものはどれですか。　**25**

1．多くの経験を経て，夢や理想への憧れを一層強めている状態
2．努力不足ではあるが，試験を受けるなど積極的に挑戦を続けている状態
3．理想主義的で，葛藤や妥協などの経験を避けている状態
4．夢に近づくために，下積みから地道な努力を重ねている状態

第10回の問題はこれで終わりです。
解答・解説はp.350を参照してください。

解答・解説

日本語　記述　解答用紙

テーマの番号 Theme No.	1	2

日本語　JAPANESE AS FOREIGN LANGUAGE

日本留学試験模擬試験
EJU Simulation Text for International Students

日本語　解答用紙

JAPANESE AS FOREIGN LANGUAGE ANSWER SHEET

受験番号 Examinee Registration Number		名前 Name	

あなたの受験票と同じかどうか確かめてください。Check that these are the same as your Examination Voucher

注意事項　Note

1. 必ず鉛筆(HB)で記入してください。
   Use a medium soft (HB or No.2) Pencil.
2. この解答用紙を汚したり折ったりしてはいけません。
   Do not soil or bend this sheet.
3. マークは下のよい例のように、○わく内を完全にぬりつぶしてください。
   Marking Examples.

よい例 Correct	悪い例 Incorrect
●	⊗ ⊘ ◌ ◉ ○

4. 訂正する場合はプラスチック消しゴムで完全に消し、消しくずを残してはいけません。
   Erase any unintended marks completely and leave no rubber marks.
5. 所定の欄以外には何も書いてはいけません。
   Do not write anything in the margins.
6. この解答用紙はすべて機械で処理しますので、以上の1から5までが守られていないと採点されません。
   The answer sheet will be processed mechanically. Failure to observe instructions above may result in rejection from evaluation.

読解 Reading Comprehension

解答番号	解答欄 Answer 1	2	3	4
1	①	②	③	④
2	①	②	③	④
3	①	②	③	④
4	①	②	③	④
5	①	②	③	④
6	①	②	③	④
7	①	②	③	④
8	①	②	③	④
9	①	②	③	④
10	①	②	③	④
11	①	②	③	④
12	①	②	③	④
13	①	②	③	④
14	①	②	③	④
15	①	②	③	④
16	①	②	③	④
17	①	②	③	④
18	①	②	③	④
19	①	②	③	④
20	①	②	③	④
21	①	②	③	④
22	①	②	③	④
23	①	②	③	④
24	①	②	③	④
25	①	②	③	④

読解・聴読解 Listening and Listening-Reading Comprehension

聴読解 Listening-Reading Comprehension

解答番号	解答欄 Answer 1	2	3	4
練習	①	②	●	④
1	①	②	③	④
2	①	②	③	④
3	①	②	③	④
4	①	②	③	④
5	①	②	③	④
6	①	②	③	④
7	①	②	③	④
8	①	②	③	④
9	①	②	③	④
10	①	②	③	④
11	①	②	③	④
12	①	②	③	④

聴解 Listening Comprehension

解答番号		解答欄 Answer 1	2	3	4
練習	正しい	①	②	③	●
	正しくない	●	●	●	④
13	正しい	①	②	③	④
	正しくない	①	②	③	④
14	正しい	①	②	③	④
	正しくない	①	②	③	④
15	正しい	①	②	③	④
	正しくない	①	②	③	④
16	正しい	①	②	③	④
	正しくない	①	②	③	④
17	正しい	①	②	③	④
	正しくない	①	②	③	④
18	正しい	①	②	③	④
	正しくない	①	②	③	④
19	正しい	①	②	③	④
	正しくない	①	②	③	④
20	正しい	①	②	③	④
	正しくない	①	②	③	④
21	正しい	①	②	③	④
	正しくない	①	②	③	④
22	正しい	①	②	③	④
	正しくない	①	②	③	④
23	正しい	①	②	③	④
	正しくない	①	②	③	④
24	正しい	①	②	③	④
	正しくない	①	②	③	④
25	正しい	①	②	③	④
	正しくない	①	②	③	④
26	正しい	①	②	③	④
	正しくない	①	②	③	④
27	正しい	①	②	③	④
	正しくない	①	②	③	④

第1回 実戦問題

記述問題1　解答例

　仕事に可能な限り時間をかけるか、それとも生活とのバランスをとるかという問題について、働き方は一生を通じて一定の方法を貫くのではなく、そのときの自分に合った柔軟な選択をすることがよいと思う。私は、若いうちは仕事に可能な限り時間をかけ、より高い給与を求める働き方をし、ある程度の年齢になったら生活と仕事のバランスを考え、生活に必要な分の給与で働くという方法をとりたいと思う。

　若いうちは体力があり、知識の吸収も早い。若い時期に仕事に多くの時間を割いて人よりも仕事をこなしていけば、スキルが身につき、将来のキャリアの選択肢が増える。しかし、仕事ばかりの生活をずっと続けるには限界がある。家庭を築けば仕事だけをしているわけにはいかず、また、ある程度の年齢になると体に無理がきかなくなってくる。このため、働き方を見直し、生活とのバランスをとる働き方を選択するのが現実的である。そして、この現実的な選択をすることで長く働くことも可能になってくる。

　長い人生においては、時期に応じて働き方を変えることが大切だと思う。

第**1**回 実戦問題

記述問題２　解答例

　私は、どんな場合でも体罰を与えてはならないと考える。

　体罰を容認する立場からは、子どもは痛みによって自分が悪いことをしたと強烈に記憶することもあるのだから、ある程度の体罰は用いてよいという意見もある。しかし体罰は怪我につながったり、最悪の場合は命を奪ったりすることもある。また、ある程度の体罰であれば許されるといっても、その基準を決めることなどできないと思う。

　例えば、ある教師が反抗的な態度を取り続ける生徒を１回たたいたとする。教師から見れば指導のための最低限度の体罰だったとしても、生徒から見れば「暴力」に映るかもしれない。暴力と体罰では目的が違うといっても行為としては同じなのである。そして、その１回が怪我につながることもある。そのとき本当に「適切な」体罰だったかをどう証明すればよいのだろうか。また、エスカレートして乱闘状態になることも考えられる。体罰はたとえ教育的効果があるとしても、それ以上に大きな危険性を伴っているのである。

　したがって、私は、体罰は絶対に用いるべきではなく、言葉で指導すべきだと思う。

第1回　実戦問題　読解問題　解答・解説

問	解答番号	正解	問		解答番号	正解
I	1	**4**	XI	問1	11	**3**
II	2	**1**		問2	12	**4**
III	3	**2**	XII	問1	13	**4**
IV	4	**4**		問2	14	**2**
V	5	**4**	XIII	問1	15	**2**
VI	6	**3**		問2	16	**4**
VII	7	**1**	XIV	問1	17	**3**
VIII	8	**4**		問2	18	**1**
IX	9	**4**	XV	問1	19	**1**
X	10	**1**		問2	20	**4**
			XVI	問1	21	**2**
				問2	22	**4**
			XVII	問1	23	**1**
				問2	24	**3**
				問3	25	**3**

I
「どんなに苦しいことでも，想い出してその苦しさをそのまま感ずるようなことがないばかりか」「愉快なものにさえなっています」とあるので，4が正解である。3は笑いには言及しているが，「苦しさを和らげる」という部分が，本文の内容を十分に反映したものとはいえない。

II
1．○　「応募方法」の欄に「提出先へ持参すること。その際，本人確認を行います」とある。
2．×　「選考」の欄に「定員を超える応募があった場合は，面接の成績を考慮して選考します」とある。
3．×　「応募資格」の欄に「インターシップ期間中はやむを得ない場合を除いて日本に滞在すること」とある。
4．×　「給与」の欄に「インターシップは，アルバイトではなく，職場体験を目的としているので無報酬とします。ただし，応募した企業により昼食代や交通費が支給される場合があります」とある。

III
「心のなかで自分の好きな恋人，実現したい仕事，仲よくやっていきたい友人など」との関係が「うまくいかない」時に「孤独を感じる」とあるので，2が正解である。「連帯を前提にしつつ」という部分をしっかりと捉えれば，選択肢1，3，4は誤りだと分かる。

IV
「昔は，ふつう，（人は）家で亡くなる」ので「本当に死というものが目に見えて感じられた」とあるので，4が正解である。3は，本文中に「科学的に亡くなり」と書かれているが，それが肉体的な死と分けられているという記述はないので誤り。

V
「不死の思想」とは「人間中心の利己的な思想」である。「むしろ，『人間は死すべきものだ，生きとし生けるものは死すべきものだ』という考え方こそが，人類の未来に繁栄を保証する思想」である。そのためにも，人間は「利他」を学ぶべきだと書かれているので，4が正解である。

VI
1段落ではエピソードが，2段落では，エピソードから読み取れる，利休の美に対する考察がなされている。本文の最後に「邪魔なもの，余計なものを切り捨てるところに利休の美は成立する」とあるので，3が正解である。

VII
指示語「これ」は前の段落に書かれている「基礎」は「地味」だが「家を建てるときの土台のようなもの」，つまり重要なものだが「人目には触れない」を指しているので，1が正解である。

VIII
「老人になると多くの能力が失われてゆき，そして最後は死に到るのが実状」なのに「前よりも少しでも進歩することのみを単純に善しとする」のでは「いかに死ぬか」という視点が欠けている。「『いかに死ぬか』ということについても考えてこそ，生涯教育と言えるのではなかろうか」という筆者の主張を読み取りたい。

IX
「いまのように消費者の側が自分の好みをどんどん細分化させている状況の中」では「マイクロインフルエンサー」の「影響力の方が高まっていく」とあるので，4が正解である。

X
1．○　「優秀だと人から羨ましがられる」人こそ「自信喪失に陥りやすい」のであり「二番手，三番手を走っているのなら，間違っても自信過剰になったりする気づかいがないから，安心である」とある。
2．×　「自信喪失を経験しなければならない」という記述は本文になされていない。
3．×　このような内容の記述はなされていない。
4．×　「才能や幸運に恵まれるのは，実に危ういことである」とある。

XI

問1　下線部の次の行に「羨望はこのように，魂の抜けたものです。魂が抜けているあいだは，ただその映像にまるで射すくめられているばかり」だとある。これは羨望のあまり，冷静に考えられない状態になっていることを示しているため，3が正解である。
問2　「そのうちに羨む対象が憎くなります。それは羨望の度が強ければ強いほど憎む気持も大きなものになります」とあるので，4が正解である。

XII

問1　指示語「そのこと」は前の段落に書かれている「〈喋る〉ことは，何か下品で押しつけがましい，マイナスのイメージを持つことのように言われています」を指しているので，4が正解である。
問2　「喋ることが持っているカードのすべてを相手にさらしてしまう危険性をともなうものであればあるほど，私たちは〈喋る〉ことを大切にしなければならないのです」とあるので，2が正解である。

XIII

問1　指示語「それ」の前には「人間の目」は「自動的に目が近くを見て遠くを見て」いるので「トータルな映像としては近くも遠くもはっきり見えていることになり」とあるので，2が正解である。
問2　「フェルメールの絵」が「『物凄く』うまい」のは「いつも誰の目もが感じているけど，それを取り出そうとするとわからなくなる，そういう目の性質をフェルメールは絵にとらえた」とあるので，4が正解である。

XIV

問1　「西欧社会では，人気役者がそれまで広く親しまれてきた名前を捨てて別の名前を名乗るなどということはまずない」とあるので，3が正解である。
問2　「『海老蔵』とか『団十郎』という名前は，個人を超えた権威ないしは重みを持って」おり，「その重みを支えているのは，それまでこの名前を負ってきた個々の役者の努力の積み重ねの成果」であり，「襲名とは，その歴史の遺産を受け継いで，それをさらに豊かにしていくための巧妙な仕掛け」とあるので，1が正解である。

XV

問1　「革の性質を科学的に判断する」には「引っ張り試験で異方性を測定」すれば良いが，「張力測定は破壊法」であるため，測定に使用した革は素材としては使えなくなるので，1が正解である。
問2　「自動計測で革の配向性を評価し，質の良し悪しが判断できるようになれば，経験に頼らずとも作業が速やかに進む」とあるので，4が正解である。

XVI

問1　「カエデの種子」は「二つの種子がつながっていて，一つの種子は一枚のプロペラを持って」おり，つながっている二つの種子は「二つに分かれて」舞い降りるとあるので，2が正解である。
問2　「ざらざらとした表面が，空気の流れを作り，スムーズに空気をやり過ごす。すると，回転によって小さな空気の渦が生まれ，羽の上方の空気圧が下がって，羽が上に引き上げられる仕組みになっている」とあるので，4が正解である。

XVII

問1　2段落冒頭に「絵の模写は，ふつうは絵の技術の修練のためにおこなわれている」とあるので，1が正解である。筆者が奨める模写ではなく，一般的な模写について問われていることに注意。
問2　指示語「そう」は前の段落に書かれている「絵を描くからには自分独自の，自己実現をというので，模写を超えて，結局は表現の泥沼状態になったりする」を指しているので，3が正解である。
問3　下線部「透明人間のような感覚」とは「この画家はここの所をこういう気持ちで描いていったんだな」と「気持ちに最接近」することなので，3が正解である。

第2回　実戦問題　　記述問題１　解答例

　過度な開発によって自然が破壊されるという事例は、世界中で見られる。また、そのことで、多くの生物の命が失われている。

　私が住んでいる都市には、かつて、森林があった。この森林は、多くの生き物が生息していて、地域の人々の憩いの場所であった。また、子供たちにとっては、そこで生き物の生態を学ぶことができる教育の場所でもあった。ところが、ここに大規模なマンションの建設計画がもちあがり、森林が破壊されていったのである。その結果、その森林では生き物の数は大きく減少し、子供たちの学びの場も無くなった。

　このような問題を解決するには、例えば地域の住民が資金を出し合って、その土地を買い取り、自然を守るという方法がある。住民たちだけでは資金力に限りがあるので、外部からの寄付を募ることも必要だろう。しかし、善意の寄付に頼るばかりではいけない。その自然環境を活用した事業を行い、継続的に資金を得られ、自然を守り続けることが可能になる取り組みをすべきだ。

　私は、自然を守るためには、自然を大切にしようという気持ちを持つだけではなく、実際に行動を起こさなければならないと思う。

記述問題２　解答例

　現在、世界中で、都市部では人口が集中する過密化が進み、地方では人口が減少する過疎化が起こっている。

　私の国では、経済成長に伴って、多くの若者が仕事を求めて地方から都市部に集まるようになった。その流れは現在も続いている。過密化の問題点としては、人口が集中することによって、交通機関の混雑や物価の上昇が起こったり、さらなる都市開発のために環境破壊が進んだりすることが挙げられる。実際私の国でも、都市の通勤ラッシュが激しく、住宅価格の上昇のため、狭い部屋にしか住めないという現状がある。ビルやマンションが増え続け、自然も少なくなった。一方で地方では経済が衰退し、商店の閉店が相次いで、生活用品を買える場所が失われている。

　これらの問題を解決するために必要なのは、地方の魅力を高めることだと思う。例えば、その土地独自の産業を盛んにしたり、観光地化を進めたり、都市部からの移住者に対して住宅の提供など手厚いフォローをしたりする。そうすることで地方の魅力を高めれば、若者が地方に留まるだけではなく、都市部から人々が移住してくることも期待できると思う。

第2回　実戦問題　　読解問題　解答・解説

問	解答番号	正解	問		解答番号	正解
I	1	**2**	XI	問1	11	**1**
II	2	**1**		問2	12	**3**
III	3	**4**	XII	問1	13	**1**
IV	4	**3**		問2	14	**3**
V	5	**4**	XIII	問1	15	**1**
VI	6	**2**		問2	16	**2**
VII	7	**3**	XIV	問1	17	**1**
VIII	8	**2**		問2	18	**4**
IX	9	**2**	XV	問1	19	**4**
X	10	**2**		問2	20	**3**
			XVI	問1	21	**3**
				問2	22	**1**
			XVII	問1	23	**3**
				問2	24	**2**
				問3	25	**4**

I

釣り上げられる危険がある「鉤のついたエサ」を「この道十数年の主は瞬間危険をさっして」食べないが，「教訓のたりない稚魚」は食べて，釣り上げられてしまうので，2の「エサには針がついていて，釣り上げられる危険がある」が正解である。

II

1．○　「予約の変更について」の欄に「利用開始日の5日前までであれば30%，それ以降は50%のキャンセル料をいただ」くとある。

2．×　「予約時に必要なもの」の欄に「学生」が「学校公認のグループで申し込む場合」のみ「代表者の学生証のコピーのみで」よいと書いてある。

3．×　「予約時に必要なもの」の欄に「ホームページからお申し込みの場合」は「学生課で利用料金の支払い」をするように書かれている。

4．×　「予約時に必要なもの」の欄に「日帰り利用の場合は，1人3500円」とある。

III

最後の文で「私たちはもっと率直に，心の中の切なさ，悲しみ，または苦しみを，はっきりと口に出して表現したほうがいい」とあるので，4が正解である。

IV

最後の段落に「精神科医としては，なぜ患者さんが病院にまでやって来て『薬はいやだ』と言うのか，そこに何らかの深い意味やもしかすると今回の不調と直結するような問題が隠れているのではないか，と勘ぐってしまう」とあるので，3が正解である。

V

最後の文に「チーターは直線では最高速度を発揮するが，ジグザグに走るガゼルを追いかけようとすると，最高速度で追いかけることができない」とあるので，4が正解である。

VI

6行目から「状況の美に敏感に反応する日本人は，それゆえにまた，美とは万古不易のものではなく，うつろいやすいもの，はかないものという感覚を育てて来た」とあるので，2が正解である。1は「永遠のものにしたい」が本文に合わない。

VII

「読書は，一人のようで一人ではない。本を書いている人との二人の時間である」とある。また，「著者」は「深く静かに語りかけてくる」とあるので，3が正解である。

VIII

2段落に制度は「意思的，意識的につくられたものだけでなく，自然発生的，習慣的に形づくられたものもある」とあるので，2が正解である。

IX

2段落に「社会の刑務所化によって」「常に他人の存在を意識していなければならない」ことで「増大したストレス」を抱えることになると書かれているので，2が正解である。4は，「いろんな方がさまざまなことをおっしゃっている」うちの一つの説であって，筆者の考えとして示されているわけではない。3は，まず「脳」の問題であるとしている点が不適。また選択肢中のその他の部分も，内容が曖昧。

X

1段落に，本人の周りにいる人は「小さな欠点の方が目立ち，離れていなければわからない風貌を見ることがない」とあるので，2が正解である。1は「本当の姿を見せていない」わけではないので誤り。

XI

問１　２段落の最初に「世界との親交を少しずつ広げていくのが現代の人文学の仕事である」とあるので，１が正解である。ここでいう，「親交を少しずつ広げ」るとは「世界」を「容貌と表情のある，なじみ深い存在として見」ること，そして「自分がその一部として生き」ることである。

問２　２段落４行目から「たとえば，一人の日本人が日本文化を一つの生命体として了解し，自分がその一部であることを実感として納得したとき，それはやはり人生の幸福ではないか」とあるので，３が正解である。４も社会とのつながりに言及してはいるが，選択肢中の「積極的に社会貢献」が本文の「世界にたいして親和的」という部分とはニュアンスが異なるため誤り。

XII

問１　中世の神学者は，音読をせずに読書をしていた甥っ子の姿を見て「まるで奇っ怪な悪魔でも見たかのように」「衝撃を受けた」と書いてあるので，１が正解である。

問２　最後の段落に「かつて人びとは本を読むに際して，声に出して読むのを当然のように思っていた」とあるので，３が正解である。１，２は本文に反する。４は日記がどう扱われていたかについては，本文に書かれていないため誤り。

XIII

問１　「近代以前」は「社会の意志決定に活用される知識は『常識』であった」。ところが二十世紀以降の社会で，科学・技術が発達すると，「もっとも重要なものとして『科学的予測』」が「意志決定の根拠」になった。しかし，「科学的合理性」だけでは「意志決定できないというアルファの部分。それは，『常識』ではないか」とあるので，１が正解である。

問２　「そういうこと」は前の文「専門家の判断こそが正しく最終的な判断であるという認識になっていく」を受けているので，２が正解である。「そういうこと」の前にも「これは」とあり，指示内容をたどるのが難しく感じるかもしれないが，丁寧に内容を確認しながら読むとよい。

XIV

問１　下線部「彼ら」は，前の段落に書かれている「誤って他人や物を傷つけたりする」人や「行為者の主観的な『正義』の観念」が「法律上の『罪』の概念」と対立して，逮捕される人を指すので，１が正解である。

問２　１行目に「犯罪心理学というものがもつ難しさの一つに，対象の多様性と異質性がある」とあるので，４が正解である。１「心理は考慮しない」は本文に反する。２は「犯罪」なのだから法律に違反していないわけではないので誤り。３「次第に凶悪化していく過程」が誤り。

XV

問１　Ａとして破綻している場合は，「要求されたものに答えていない」ことになるわけだから，Ａには思考の妥当性があるという意味の「論理」が入る。
Ｂは「独自の視点」や「面白さ」があるので「オリジナリティ」が入る。Ｂの直前に「平凡なものに比べれば」とある点もヒントになる。また「～を出す」という言い方に馴染むのは「オリジナリティ」の方であることも覚えておきたい。

問２　４段落に「奇をてらいすぎていたり，面白さをねらうあまり，肝心の問題文や課題文の読み込みが足りずに，要求されたものに答えていない」とあるので，３が正解である。

XVI

問１　「意味もなく権威を振りかざされる」のを「絶対にイヤだ」と思っているのは一文前にある「若者」なので，３が正解である。“誰が”“何が”という主語にあたる部分を常に意識して読むとよい。

問２　若者は「自分を指導しお手本を見せてくれるべき」「自分と同じ目線の高さに」いない存在を求めており，それが「関係がはっきりしている先生」であるので，１が正解である。３は「特殊」の内容が明らかにされていないため不適。

XVII

問１　４段落に「スイカの実は，短期間で大きく育つが，これも雨が降る季節が短いことに対応している」とあるので，３が正解である。

問２　５段落に「スイカもまた他の果実と同じように，鳥に食べさせて種子を運ばせるために，砂漠の中で魅力的な実を実らせる」とあるので，２が正解である。１は理由ではなくむしろ結果であるため不適。

問３

１．×　３段落にスイカは「九〇パーセントは水分」であり「貴重な水分の補給源」だと書かれている。

２．×　４段落に「スイカの葉っぱは，複雑に切れ込んだ形」と書いてある。

３．×　２段落に「スイカの種子はゆっくり時間をかけて胃腸を通り，できるだけ排出されないようにしている」と書かれている。

４．○　６段落に「スイカの独特の縞模様」は「鳥に見つかりやすいように発達した」と書かれている。

第3回　実戦問題　　記述問題１　解答例

　いろいろな国の人が同じ会社で働くことが増えると、言葉の違いによる問題だけでなく、労働時間や休暇の取り方によって起こる問題もある。

　休暇に関していえば、例えば日本と私の国では休暇の取り方が全く違う。私の国では3週間ほど連続して休暇がもらえ、その間の給与保証もある。しかし日本ではこのような休暇は取れないだろう。仮に私が日本で就職して、自国にいるときと同じように休暇が取れるとしても、もし同じ会社で同じ給与体系なのに、休暇がまったく違うとなれば、不公平感が生まれると思う。そうかといって、私は日本人の働き方に完全に合わせることはできない。このような問題は、いろいろな国の人が働く会社では必ず生じると思う。

　このような状況を解決するためには、会社が求める標準的な働き方を決め、それに対する給与体系を出身国ごとにするなどの配慮をすればよいと思う。会社が求める働き方に合わせることもでき、一方で出身国の働き方に合わせたいならそうできる。そういう柔軟なシステムであれば、お互いに不公平感を抱かず一緒に働けるのではないだろうか。

第3回　実戦問題

記述問題２　解答例

　最近は、子供たちもインターネットによって世界中から情報を入手したり、反対に世界中に情報を発信したりすることが簡単にできる。便利だが、この手軽さが問題である。

　かつては、世の中に情報を発信できるのは、マスメディアに関わる一部の人だけであった。そのため、提供される情報には発信者が責任を持ち、誤った情報や不適切な情報を提供した場合には、それ相応の制裁を受けた。ところが、現在はインターネットを使って、誰でも容易に情報を発信できるようになった。その結果、不適切な情報までも世の中にあふれることになった。子供はまだ判断力に乏しいので、情報を判断することができず、誤った情報を信じてしまう可能性がある。また、子供自身も、不適切な情報の発信者になってしまう危険性もある。そうなった場合、取り返しのつかない問題にも発展しかねない。

　そこで、子供がインターネットを使うときには、責任の持てる大人が子供を見守るようにすべきだ。特に情報の発信に関しては、大人が確実に監視できるシステムを作ることが必要だと思う。そうすることで子供がインターネットに起因する問題に巻き込まれる危険性を低くすることができる。

第3回　実戦問題　　読解問題　解答・解説

問	解答番号	正解	問		解答番号	正解
I	1	**2**	XI	問1	11	**3**
II	2	**2**		問2	12	**1**
III	3	**2**	XII	問1	13	**4**
IV	4	**1**		問2	14	**3**
V	5	**4**	XIII	問1	15	**3**
VI	6	**2**		問2	16	**2**
VII	7	**1**	XIV	問1	17	**1**
VIII	8	**1**		問2	18	**4**
IX	9	**3**	XV	問1	19	**3**
X	10	**3**		問2	20	**1**
			XVI	問1	21	**3**
				問2	22	**1**
			XVII	問1	23	**1**
				問2	24	**4**
				問3	25	**2**

I

８～９行目に「雑草は弱い植物」なので「強い植物が力を発揮することができないような場所を選んで生えている」とあるので，２が正解である。

II

１．×　「概要」の欄に「先着順」とある。

２．○　講演を行う人は，高田氏，目白教授，久保准教授の３人である。

３．×　「申込について」の欄に「Webサイトよりお申し込みください」とある。

４．×　「ビックデータに関する取り組み」についての講演である。

III

「頭を使う」という言葉を，母親は絵本を取り出す方法を考えるという意味で使っているが，子どもは「本棚に頭をこすりつけ」ているという行動から，実際に頭を使用して本を取ると受け止めているので，２が正解である。

IV

２段落に「人間にはいま自分の接しているものの本当の姿はわからず，われわれが気づいたとき，時間はいつもわれわれに背を向けている」とあるので，１が正解である。２～４は本文からは読み取れない内容で，「ずれ」の説明にもなっていない。

V

３段落にアサガオは「茎を頑強にする必要もないので，その分の成長エネルギーを伸長成長に使うことができる」とあるので，４が正解である。３は「ひと夏のうちに，二階に届くまで伸びるアサガオの成長は，相当早い」と本文にあるが，この部分は客観的事実を述べているだけであり，筆者の考えるアサガオが早く成長する〈理由〉とは言えない。

VI

４行目から「強敵，大敵が必要で，それに負けない意志と努力があれば，人生はそれだけ大きなものになる」とあるので，２が正解である。１は「味方になる」わけではないので誤り。

VII

「日本の観光絵葉書」では，建築物と「自然の変化を組み合わせることを好む」とあるので，１が正解である。

VIII

１．○　「いろいろな言葉を知っていることによって，感情や思考自体が複雑で緻密なものになっていく」とある。

２．×　「話し言葉だけで思考しようとすれば，どうしても思考自体が単純になってしまう」とある。

３．×　このような記述はない。

４．×　「一人で考え事をしているときも，言葉で基本的には考えている」とある。

IX

本や雑誌は「もともとは買い切り制度が中心」であった。しかし「売れ残りは返品自由」である「委託扱い」の登場によって，「雑誌の大量生産・大量販売の道が開かれた」とあるので，３が正解である。具体的なエピソードを通じて，筆者は何を伝えようとしているのかを意識しながら読むとよい。一般的に筆者の意見は，文章の後ろのほうに書かれていることが多い。

X

下線部を含む一文の指示語「これ」は，前の文の「東京以外の地方はすべて自分の方言と共通語と，両方使い分けている」を指しているので，３が正解である。「これ」という指示語があるときは，まずは直前の内容に注目するとよい。

XI

問１　「歴史にありもしない目的を与え」,「個人に善悪のレッテルを貼」る歴史主義を「司馬さん」は「圧倒的な暴力」と捉え,「生涯にわたって嫌った」とあるので，３が正解である。

問２　「司馬さん」が「拒否し続けた」のは「歴史主義」の考え方である。「司馬さん」の歴史の見方である「裸の歴史」は,「意味や目的や使命感抜きに歴史を見」るというものであり,「歴史主義」とは反対の考え方なので，１が正解である。

XII

問１　人間は「地球という大きな生命体に寄生して生きている，わびしげな人間族」とあるので，４が正解である。「この」とあるので，まずは直前の内容を確認し,「貧弱」の内容を解釈していけばよい。

問２　「体は常に私たちに語りかけ」ているにもかかわらず,「私たちが，その声を無視し，それに逆らうことで健康が損なわれ」るとあるので，３が正解である。

XIII

問１　下線部のすぐ後に「なぜこのようになったのかを調べることにした」とある。「この」の指す内容は「植木に放した」コガネグモが,「どこにも見当たらなかった」ことなので，３が正解である。

問２

１．×　２～３行目に「この種のクモは一日のうちに大幅に移動することはない」とある。

２．○　下から４行目に「ヤマドリがクモを食べた犯人」とある。

３．×　下から３行目に，ヤマドリが「コガネグモを捕えて，コンクリートの上に打ちつけて，脚を残して腹を食べたのであろう」とある。

４．×　このような記述はない。

XIV

問１　（A）と同じ理由で「地球よりもずっと冷たいまわりの宇宙空間に熱が逃げていく」ので１が正解である。

問２　最後の段落に「もし，二酸化炭素がなければ，地球の温度は，ずっと下がってしまいます」とある。しかし「二酸化炭素が，増えすぎてこまった」ことになっているのが「地球がかかえる問題」ともあるので，４が正解である。１は「問題視するのは短絡的」が不適。２は直接書かれていない内容で，かつ二酸化炭素が人間の生きる環境に必要である点にも言及がないので不適。３は「最も言いたいこと」ではないので不適。

XV

問１　「対人関係にしても自己イメージにしても，とにかく価値がひとつに定まらず，極端から極端のあいだをいつも激しく行き来して」おり,「『楽しいこと』を見つける」ことが「ほとんど命がけの問題」とあるので，３が正解である。

問２　「苦労や努力をしてでも自分が心から満足し，不安定な自己評価を一定のものに落ち着かせてくれること，それが最も『楽しい』」とあるので，１が正解である。

XVI

問１　１段落で「夢が意味あるものとして取りあげられている」とあり，また２段落で「古代においては，神の声を伝えるもの」とあるので３が正解である。

問２　「精神と肉体，理性と本能」「などの間に深い分裂が生じ」たので,「このような分裂を癒すため」に「それを超える道を見出」すことが「大きい課題となる」とあるので，１が正解である。

XVII

問１　（A）の前に,「物理学に新しい風を吹き込むに違いない」とあり,（A）のあとに，その理由が書かれているので，１の「なぜなら」が正解である。

問２　下線部「それ」は前の文の「現実にはありえない簡単なモデルで新概念を摘出したりテストしている」とあるので，４が正解である。

問３　３段落に「どのような物理学を創り出すことができるか，それが旧来の物理学の進め方にどのような効果を及ぼすか」を「じっくり考えてみようと言いたいのである」とあるので，２が正解である。

第4回 実戦問題　記述問題1　解答例

　私は、仕事の仲間とは、休日などの私的な時間や場面では会わないほうがよいと思う。

　職場の人間同士、お互いのことをよく知っているのは、仕事の効率を向上させる上で大切だという人もいる。しかし、私的な部分まで詳しく知ってしまうと、仕事をする上で必要のない、能力以外の部分が仕事に影響を与えることも出てくるのではないか。例えば、自分と似たような境遇、趣味の人を仕事をする上でも高く評価したり、逆に、自分と共通点のない人を低く評価したりするかもしれない。また、気の合う仕事仲間たちだけで私的な時間に会ったとしても、つい、そこで仕事の話をすることもあるだろう。そうすると、気の合う仕事仲間だけで情報が共有され、そうでない人とは情報共有ができなくなる。そうすると、いずれ仕事がうまくいかなくなる。

　このように、仕事の仲間と私的な時間や場所でも関係を持つと、仕事をする上でさまざまな問題が生じてくる。このことから私は、職場の人との人間関係は、職場の中だけに留めるほうがよいと思う。

第4回　実戦問題

記述問題２　解答例

　社会で役に立つ知識には、一般的な知識もあれば、専門的な知識もある。しかしこれからの時代で、より大切なのは専門的な知識のほうだと思う。

　私たちは、生きていくために、まず仕事をしなければならないが、現在の、科学技術や社会制度が複雑化した社会で仕事をするには、専門的で高度な知識のほうが強く求められるからだ。例えば、世界がグローバル化して、経済も世界規模になっている中で、高度な金融知識があればこれにも対応できるだろうが、一般的な経済知識しかなければ対応できない。一般的な知識しか持っていなければ、それは誰もが知っている知識なのであり、そのような知識を使って「仕事」をすることはできないであろう。なぜならば、他の人ができないことをするから「仕事」といえるからである。そうでなければ、対価を払ってまで仕事を依頼してくる人はいないだろう。

　このような専門的な知識を学ぶために、私は大学や大学院に進みたい。そして、卒業して仕事をするようになってからも、社会人向けの高等教育機関などを利用して積極的に学んでいきたいと思う。

第4回 実戦問題　読解問題　解答・解説

問	解答番号	正解	問		解答番号	正解
I	1	**3**	XI	問1	11	**2**
II	2	**2**		問2	12	**1**
III	3	**2**	XII	問1	13	**3**
IV	4	**1**		問2	14	**3**
V	5	**2**	XIII	問1	15	**3**
VI	6	**4**		問2	16	**1**
VII	7	**4**	XIV	問1	17	**4**
VIII	8	**4**		問2	18	**2**
IX	9	**4**	XV	問1	19	**1**
X	10	**2**		問2	20	**4**
			XVI	問1	21	**4**
				問2	22	**3**
			XVII	問1	23	**1**
				問2	24	**2**
				問3	25	**4**

I

Ｂには美の形容として適切なものが入り，それに対してＡにはＢの対義語が入る。蟇に聞いた場合と悪魔に聞いた場合では，美の内容が異なるということを示す言葉がＢには入る。よって正解は３である。解答するにあたり，〈ＡではなくてＢ〉という構造も意識しておきたい。

II

１．×　「応募条件」の欄に「日本語で中学生との会話ができること」とある。

２．○　「応募条件」の欄に「当日12時半から中学校で行われる事前説明会にも参加できること」とある。

３．×　履歴書に関する記載はない。

４．×　「その他」の欄に「謝礼3000円を事前説明会終了時にお支払いします」とある。

III

本来ことばは，「生きた文章の中において」「文脈的意味」を推定することが先であり，その後に辞書的意味が作られるという認識が，外国語の学習では欠落するということを本文では述べている。よって２が正解。

IV

筆者は，４段落と５段落で，日本では芝居の大衆性がなくなっていることに触れている。よって，Ａには演劇が衰退している様子を表す内容が入るので，正解は１。

V

「駒沢さん」が実感したのは，「現代医学」の「不自由」や「不可能」を「悪」と捉える本質による「不快感」である。よって正解は２。１は本文にない内容であり不適。３は本文の内容と逆であり不適。４は「正しいあり方」「考えて努力」の内容が明らかでなく，２より劣る。

VI

４段落に「解決策はいくつもある。それをすり合わせて，マイナスの衝撃がより少ないものを探します」とある。この表現は，つまりいろいろな案を考え合わせて損失の小さい解決策を探すということであり，この内容が入っている４が正解。

VII

２段落では，幼児教育は楽しいだけでなく苦しい時もあるという内容が書いてあり「苦しまずに楽しみを得ようとする人は，ものをすべてタダで得ようとするようなものである」という筆者の考えが示されている，そして，３段落「苦しみと楽しさがともにあるところに，その味の深さがある」とあるため，正解は４。

VIII

科学が他人を説得できる理由を「好都合な三つの性質をあわせて手に入れ，保持してきたからにほかならない」と表現している。これを表現している４が正解。

IX

「悪魔のささやき」の特徴を「あいまいでぼんやりした心に働きかけてくる」と表現している。「悪魔のささやき」は心をぼんやりさせるのではなく，ぼんやりした心に影響を与えるという内容の４が正解である。

X

「『クモの獲物である昆虫が生息しているところにクモが多い』」とあるので，正解は２。１や３は「一般に」そう考えられている内容に基づいているので誤り。４は「かつて」とあるため，不適。

XI

問１　「自分というものは，日々，自分でつくり上げていくものだ」，「毎日の営みのなかで，自分というものがつくられていく」ので「自分を探す」ことが「愚か」だと言っているため，２が正解である。

問２　２段落「毎日の営みのなかで，自分というものがつくられていく」とあるので１が正解。２は「合間に，自分探し」が不適。３は「主体にこだわらず」が誤り。４は「難しく考えず」「思うままに」が誤り。筆者は「毎日悩んだり考えたりしながら，行動」することが大切だと述べている。

XII

問１　２段落の「その能力」とは，「コミュニケーションを取ったり，リーダーに従順に従う能力」を指している。よって正解は３。２は野生のウマの生態について述べたものであり，家畜になれた理由ではない。４は「肉食獣を追い払って」が誤り。

問２　「家畜というと人間に一方的に利用されているイメージが強いが，弱い動物である彼らにとっては，強い人間に寄り添うことは立派な戦略だった」とあるので，正解は３。１と２の内容は本文にはない。４は，「人間の成功のおかげ」という部分が本文の主旨に合わない。筆者によれば，家畜こそが「成功者」なのである。

XIII

問１　「谷に落ち込むと追い詰められた気分」になるとあることから，「谷」とは不本意な状態であることが分かる。本文中で，不本意な状態については「不調のとき」と書いてある。「不調のとき」の表現に最も近い３が答えである。比喩表現は，どういうことを表現しているのかを考えながら読むとよい。

問２　３段落「そのうちに不調は去って好調が戻ってくる」のに「神に頼んだから幸運が訪れたと誤解してしまう」とあるので，正解は１。３は「お金を払えば」の部分が不適。

XIV

問１　筆者は「張り合うライバル」ではなく，「ほめてくれる人」「虚栄心をくすぐり，ひょっとすると自分も相当なものかもしれないという錯覚に陥らせてくれる人間」が話を聞いてくれるおかげで，読書が楽しくなると述べている。よって，正解は４。３は，本文中に書かれていないため不適。

問２　常識が違う分野の人には新知識になるということを前文で表現している。この内容と理論的に合致するためには，常識に似たような表現が入る必要があるので，正解は２。「陳腐」とは「古くさいこと，ありふれていてつまらないこと」というような意味である。

XV

問１　「それは」という指示語が何を指すのか，まず把握しなければならない。２段落で山里と平地のじゃがいもの収穫量と味を比較している。じゃがいもは山里であれば味は濃いが収穫量は減る。じゃがいもと同じように他の野菜も山里の方が味は濃く，収穫量は減るという内容を指しているので，正解は１。

問２　筆者は「買った野菜より自分でつくった野菜のほうがおいしい」と感じ，山里での労働を「直接自分の生活を再生産するためにおこなわれる労働」として捉えているので，正解は４。１は「自分の生活を再生産」という内容を捉えていないため不適。２は「資金を得ることを，主な目的」という部分が不適。３のような内容は本文にない。

XVI

問１　３段落冒頭の「それら」は，「ねぇ」「よ」「わ」といった助詞を指している。そして，第３段落に「『……よ』というのは相手の知らないことを伝える」とある。これに合うのは４。

問２　１段落に「日本人」は「会話をしながらもおたがいに気持ちが一致しているということを喜ぶ」とある。また，筆者は，日本人が「ねぇ」をよく使うことは，「日本人が始終相手と同じ気持ちでいることを，絶えず確かめ合いながら会話をしていることになる」と考えているので，正解は３。

XVII

問１　下線部(1)「そこ」では「個人」を「超える普遍性」を持つとある。前の文に，「外的事実」は「観察者（研究者）」とは「関係のない」とあるので，下線部(1)「そこ」は，１の「外的事実」を指している。

問２　下線部の直前に「科学の知こそが唯一の真理である，とするような思い違いをした」とあるので，正解は２。１は本文にも合わず，下線部との関係もない。３は本文の内容ではあるが下線部と直接関係がない。４は「幸せ」かどうかは本文中になく，「科学」にも言及していないため不適。

問３　２段落に，科学に頼りすぎたことによって「何のために生きているのか」の意味が「急に稀薄に」なったと書かれているので，正解は４。１は本文の内容ではあるが，最も言いたいことではない。２も３段落の内容と重なるところがあるが，最も言いたいことではない。３は「制御できる」は人間がそう思い違いをしているだけであり，筆者の考えと合わないため不適。

記述問題１　解答例

私の国では現在も伝統工芸がしっかりと受け継がれている。私の国の伝統工芸はとてもよく知られていて、工芸品は世界中から購入されている。また、若い人たちも伝統工芸の技術を誇りに思っていて、この技術を学ぼうとする人が多いので今のところ後継者不足の問題はない。

しかし、私の国でも今後、伝統工芸やその技術の継承は危機的な状況になっていくと思う。なぜなら、近年、伝統工芸を模倣した商品が売られているからだ。職人の手で作られた工芸品よりも、工場で作られた模倣品の方が安いため、旅行者は模倣品を買ってしまう。そのため、職人の作った工芸品は、以前と比べて購入される量が減っているそうだ。このままでは職人が生活できなくなり、そうなれば職人を目指す人も減っていくに違いない。

後継者不足の問題が出てくる前に、この状況を早急に改善しなければならない。模倣品の販売を禁止すれば、職人が作った工芸品が売れるようになり、職人の立場や生活を守れる。私は、そうすることで伝統工芸を守ることができると考える。

第5回　実戦問題

記述問題２　解答例

　私の国でも、現在ではインターネットを使ってモノを買う人が増えている。昔は、近所にある小さな個人商店からモノを買うことが多かったが、それが大型ショッピングモールで買うようになり、今ではインターネットを使って商品を買うようになっているのである。そのため、最初は個人商店が閉店に追い込まれ、ここ数年では大型ショッピングモールの経営が危ぶまれている。

　私はインターネットでモノを購入することに賛成である。まず、消費者側から見ると、世界中から良い品物を買うことができるからである。多くの品物の中から選択できるし、商店やモールを経由しない分、今までより安く買える場合も多い。また生産側から見ても、消費者から選ばれるもの、選ばれないものがすぐわかるため、生産に無駄がなくなる。

　確かに商店やショッピングモールの経営が苦境に陥るのは問題のようにも思える。しかし、商店やショッピングモールを建てて維持するためには資源もエネルギーも必要だ。それが減っていくというのは、社会全体からみれば、むしろ望ましい変化だと考える。

第５回 実戦問題　読解問題　解答・解説

問	解答番号	正解	問		解答番号	正解
I	1	**1**	XI	問1	11	**4**
II	2	**2**		問2	12	**3**
III	3	**1**	XII	問1	13	**4**
IV	4	**3**		問2	14	**1**
V	5	**1**	XIII	問1	15	**4**
VI	6	**4**		問2	16	**2**
VII	7	**3**	XIV	問1	17	**3**
VIII	8	**1**		問2	18	**2**
IX	9	**3**	XV	問1	19	**3**
X	10	**2**		問2	20	**4**
			XVI	問1	21	**1**
				問2	22	**2**
			XVII	問1	23	**2**
				問2	24	**1**
				問3	25	**4**

I
７段落に「種類の異なるさまざまな花を飛び回ってしまうのだ。これは植物にとっては，都合の良いことではない」とある。そして，なぜ都合が悪いのかといえば「種子」が「できない」からである。この内容を満たすのは１のみである。

II
１．×　「対象は主に大学院生を想定してい」るとあるが，大学院生を優先するとは書かれていない。
２．○　「学部生や教職員のみなさまにも受講していただけます」とある。
３．×　「申し込み期間」の欄に「席に余裕がある場合は，当日参加を会場で受け付けます」とある。
４．×　「日程」の欄に「10月22日(月)から毎週月曜日に３回行います」とある。

III
「そのこと」とは，下線部の直前の「心の中に古代人の超自然的なものに対するおそれというものを抱いていること」を指しているので，正解は１。２は，一つの行動例に過ぎず，答えにはならない。

IV
下線部「それ」は直前の「地方の風土，習慣，伝統」を指しており，「それを確認するための道具」は「家族や地縁に支えられている言葉」などの意味を有する「個人の言葉」が適当である。よって，正解は３。

V
「過去における技術」が「目に見える形をとるのが普通であった」のに対し，「今日の生活空間のなかでの技術」は「明確には読み取れない」状態になっていることから，１が答えとなる。

VI
筆者は，「張った巣で獲物を捕える種類のクモ」を「客が来るのを待つ店舗販売」と例えており，「徘徊して獲物を捕える種類のクモ」を「積極的に客のところへ出向く行商販売」と例えている。これに合う具体例は４。

VII
筆者は，集団でいる時は「雰囲気にひたり切る」ことをせず，「自分というものに意識を強く向けてその自分を見失わないように用心」するよう心掛けているとある。この内容を満たすのは３のみである。

VIII
筆者は，「道徳」とは「人間が生きてゆくうえで守らねばならない」ものであると述べている。また，２段落では，「道徳」は時と場合に応じて正解が異なるため，教育が難しいと述べている。この内容をすべて満たすのは，１のみである。

IX
１．×　１段落で述べられている問題点であることから，追加の問題ではないと判断できる。
２．×　３段落で，種子で育てると元のチューリップとは異なる色の花が咲く可能性について論じている。
３．○　３段落で，種子で育てると元のチューリップとは異なる色の花が咲く可能性について論じていることから，咲く花の色が予測できないことが分かる。
４．×　３段落「種子は他の花と交配して作られる」とあるが，交配の難易度については記載がない。

X
「経費」とは「エネルギー」のことであり，エネルギーは有限であり，身体の「他の能力を犠牲」にしないと新しい能力を使うことはできないという内容に合致しているのは２である。

XI

問１　植物には多様な「毒性物質の種類」があり，虫はある植物特有の毒に焦点を絞って対抗するという内容の具体例なので，４が答えである。

問２

１．×　３段落「すべての植物が何らかの有毒な物質を用意している」とある。

２．×　５段落「どんな植物の有毒物質も打ち破る万能な策を身につけるというのは難しい」とある。

３．○　昆虫は「毒に対する抵抗性を身につけることができる」とある。

４．×「カラシ油」に抵抗することができるとは書いてあるが,「カラシ油」を食べることで成長ができるとは書いていない。

XII

問１　筆者は，１段落で「一体どのくらい難しいものか」を「知るのは何かのためになる」と述べているので，正解は４。

問２

１．○　４段落に，実際の雨を「目撃するのは簡単ではない」とある。

２．×　限界を克服するという内容は，本文には書かれていない。

３．×　２段落に，雨を「ぼんやり眺めているのが面白い」とある。

４．×　雨を描くことへの批判は，本文には書かれていない。

XIII

問１　筆者は,「未熟な芸」と「至芸」に優劣をつけず,「二度とかえらぬその輝きも，磨きに磨かれた永久に変わらぬ名人の最高の芸も，ともにこの世の花である」と表現している。

問２　最後の段落に「その両方がいてこそ，世の中はおもしろい」とある。「その両方」とは，流行を追う人と定番を選ぶ人のことを指している。

XIV

問１　３段落に「話し上手とよばれる人は，意識して，あるいは無意識のうちに，うまく『間』をとり入れている違いがある」とある。

問２「こういう場合」とは，５段落の具体例のような場合を指している。つまり,「相手とのあいだの沈黙の時間に耐え難」い場合を指している。

XV

問１　１段落の「昆虫の脚が六本」という事実と「クモの脚は八本」という事実から，昆虫とクモは異なるものだという内容が（A）には入るため，答えは３となる。

問２

１．×　水中で生活しているクモと陸上で生活しているクモの数についての記載は，本文中にはない。

２．×　３段落「クモ類の先祖は水中で生活しており，それが陸上に上がって」とあることから，水上から陸上に住む場所を変えていったと読み取れる。

３．×　水中で巣を張って生活していたという表現は，本文中にはない。

４．○「巣の中で昼に活動しているクモや，巣の中で夜だけ活動しているクモ」がいることが本文からわかる。

XVI

問１「第三人称」とは,「第一人称，第二人称以外のすべての他者」のことであり,「その場に居合わせないすべて」である。つまり「第一人称，第二人称以外のすべての他者」は「その場に居合わせないすべて」と同じ意味である。よって正解は１。

問２　３段落「立ち聞きの主体が，第四人称」とある。これより，第四人称とは会話には参加してないが話を聞いている人物を指すということがわかるので，正解は２。

XVII

問１「うしろ姿」は「後手後手にまわって」「とり返しのつかなくなった」状態のことを指している。２が正解。

問２「悲しむ」行為ができるのは「とり返しのつかな」いことを認識している人だけである。よって「悲しみ」を慰めにできるのは「とり返しのつかな」いことを認識してる人だけであるので，正解は１。

問３

１．×　悩むことへの必要性については，本文に記載がない。

２．×　筆者は認識の鈍感さについて積極的な考えではない。

３．×「かつて無知であったというかたちで，かつての無知に気づくことはできるが，いまのいま，自己がどれほど無知であるかということについて，十分知っているかというと，そうではない」とある。

４．○　選択肢３の解説参照。

第6回 実戦問題　記述問題1　解答例

　大学には、学生に知識を提供することの他に、学生の自立を促す役割があると思う。

　中学校や高校とは異なり、大学は基本的に、良くも悪くも放任主義である。勉強するかしないかは、完全に本人の自主性に任されている。たとえ体調不良で授業に行けないときがあっても、同じクラスの同級生が家にプリントを届けに来てくれた頃とは異なり、欠席者のためにわざわざ授業の資料を配布してくれることはほとんどない。寝坊して授業を無断欠席しても、教授がそれを気にかけて電話をくれることはまずない。また、課題やレポートの締め切りも厳密で、間に合わない場合に後から受け取ってくれることもほとんどない。

　一見すると冷たいようにも見えるが、このような大学という環境から、なるべく休まないように体調管理に気を付けるなど、他人に頼らず自分で何とかしようとする姿勢が生まれる。大学を卒業して社会に出ると、そこでは一人の自立した人間として扱われる。そのため、この姿勢はとても大切で、将来役に立つものである。私も、大学では自己管理をしっかりして自立した人間になれるよう努力するつもりである。

第6回　実戦問題　記述問題２　解答例

　ボランティアに参加することには、社会問題の解決に役立つという以外にも利点がある。

　まず、人との出会いがあることだ。学生であれば、普段関わるのは学校の友人、先生、近所の人などが中心だろう。しかし、ボランティアに参加すれば、そこには年齢、出身地、職業などが異なる人々がいる。このように、様々な背景を持つ人々との出会いは貴重である。新たな出会いによって交友関係が広がったり、自分の視野が広がることもあるだろう。

　また、ボランティアを通じて自分に誇りを持つことができる。ボランティアは、援助を受ける側にとって利点があるだけでなく、ボランティアをする人にとっても、自分の持っているスキル、経験、知識を存分に発揮できる場なのだと思う。例えば、高齢者がボランティアに参加することによって人生経験で蓄積された知恵を生かせるような場合は、その高齢者は自分の人生経験を誇りに思うことができるだろう。

　以上のように、ボランティアに参加することには、普段関わることのないような人と出会えたり、自分のスキル、経験、知識を活かし、自分に誇りを持てるようになれたりするという利点がある。

第6回　実戦問題　読解問題　解答・解説

問	解答番号	正解
I	1	**3**
II	2	**4**
III	3	**4**
IV	4	**1**
V	5	**1**
VI	6	**4**
VII	7	**4**
VIII	8	**2**
IX	9	**3**
X	10	**3**

問		解答番号	正解
XI	問1	11	**4**
	問2	12	**3**
XII	問1	13	**4**
	問2	14	**2**
XIII	問1	15	**3**
	問2	16	**2**
XIV	問1	17	**4**
	問2	18	**2**
XV	問1	19	**3**
	問2	20	**1**
XVI	問1	21	**3**
	問2	22	**2**
XVII	問1	23	**1**
	問2	24	**4**
	問3	25	**3**

I

「自然は，人間の制御や支配の能力を超えたものとして，ある程度以上の自然への人為の介入は，むしろ忌避され，あるいは諦められていた」とある。これに合致する3が正解。

II

1．○　「応募資格」の欄に，「日本語能力は問いません」とある。

2．○　「申し込み期限」・「応募方法」の欄の記載通りである。

3．○　「注意事項」の欄に，「隣接の市民センター3階会議室で」とある。

4．×　「注意事項」の欄に，「教室への参加」は「先着順で30名」とある。

III

「その」は「こころをないがしろにしすぎた。見えないものを軽んじ，湿り気のある感情を置き去りにしてきた」を指しているので正解は4。

IV

「そういう指摘」は「それが人間の附合い」を指す。「それが人間の附合い」の「それ」は1段落に書かれている「自分の意に反して，嫌々ながら承知してしま」うことである。では，なぜ「少しも嬉しくない」のか，その理由は「『否』と言える精神の中枢を抜き取られて」いることを意味するからである。正解は1。

V

（A）の直前に「努力をしたから，その分だけむくわれて当然だという理屈は，ないんじゃないか」とあり，（A）の直後には「その気になって頑張っても，できないことはできない」とあるので（A）には1「思うにまかせぬもの」が入る。

VI

「ただの色」が「他の色との組み合わせでいきなり輝いてくる」理由が「現代の科学では説明できない」とあるので，4が正解である。

VII

具体例は筆者の主張に説得力を持たせるために書かれる。この具体例は1段落の「科学」は「『無国籍』の文化である」と3段落の「科学の世界は，日常的な文化からは一応独立している」という内容を示すために書かれている。この内容を満たすのは4のみである。

VIII

「知識」を「軽蔑されないため」，「点を稼げるかも知れない」から得たいとする考え方を筆者は「寂しくなる」と否定し，「知りたい気持は目的などを持つ筈がない。それだけの欲である」としている。これらの内容を満たすのは2である。

IX

筆者は，「宗教というものも，ひとつの想像力の所産」，「科学は物語とはちがうという説は，ほとんど現代では成り立たないだろう。科学もまた人間が信ずる物語のひとつ」だと言っているので3が正解である。

X

かつてはタヌキは「いたって小心者で，恐怖に襲われると失神してしまう」と考えられていたが，「近年の研究によると，タヌキの生きる知恵に類するもので，危険を察知したときなど死んだふりをするが，その間にも脳はちゃんと動いている」とあるので，3が正解。

XI

問1　4段落に「化学だけをほとんど唯一の例外として」「何らかの利得を生み出すというようなことは期待もされなかった」とあるので，4の化学が正解である。

問2

1．×　「科学者たち」の「主たる動機は，自らに内発する好奇心」とある。

2．×　「特定の目的のために利用・活用しようとする下心あってのことというよりは，芸術活動を支援するのとほとんど同じ原理に則って」とある。

3．○　「科学者の書く論文は，自分の属する科学者共同体の内部構成員のみを読者として想定しており」「評価もまた『同僚』以外には下すものがいない」とある。

4．×　「科学者の側も，社会から研究資金を引き出そうとするときに」「『活用可能性』をほのめかしたとしても，それは本気とは言えなかった」とある。

XII

問1　1段落に「現在，言語学の研究対象は」「人間言語のあらゆる側面に拡がっている」とあるので，言語学を定義すると，4の「人間のことばに関するすべて」となる。

問2

1．×　「アメリカの言語学者たちが主張した」ことも「あながち言い過ぎとは言えない」と書かれている。

2．○　言語について「初めから備わっている要素や性質」は「疑問の対象とされず見過ごされてしまう傾向がある」ことは「一つの落とし穴」だといっている。

3．×　本文では，音声言語と文字を歴史的な重要度で比較しているわけではない。

4．×　「文字や書物などが現代生活の中に占める重要性は」「大きくはなっている」とある。

XIII

問1　「風に吹き飛ばされた帽子は本来かぶるもので，追っかけるものではない。追っかけるのにはそれだけ意外感があり，それがおもしろい」とあるので，3が正解である。

問2　「選手にしてみればラグビーはおもしろいものではない」「観客は，まったくの傍観者だからおもしろいのである。わが子がプレーしているのでは，ハラハラしても高みの見物のたのしみはない」とあるので，2が正解である。

XIV

問1　「素地」といえるものは，「通信自由化」によって「電話にも多様なサービス」が増え，そのことにより，新たな「交流形態を生み出すようになった」こと。また「コンピュータというハイテクに『日常的に遊ぶ道具』という意味づけが定着したのは，この時代のことである」と書かれている。これらに合わないものは4。

問2

1．×　「八〇年代の時点で」電話は「おしゃべりの道具」でもあった。

2．○　「（ファミコン）が家庭にコンピュータ・ゲームをもたらした」とあり，これはファミコンがコンピュータに「日常的に遊ぶ道具」という意味を付与したことを示している。

3．×　このような記述はない。

4．×　「八〇年代」「以前にも電信や手紙などのパーソナル・メディアはあった」とある。

XV

問1　「一八九三年の日付のある遺言書は，死後サン・レモの自宅で発見された」のに対し「銀行に預託されていた九五年の遺言書」とあるので，3が正解である。

問2　第一段落には，ノーベルの遺言書に書かれている内容をもとに，財団が設立され「ノーベル賞が動き出した」内容が書かれている。第二段落には，5つの賞の内容について書かれているので，1が正解である。

XVI

問1　「雨が落ちているんだから，自分もいっしょに落ちたら雨粒が見えるかもしれない」とあるので，3が正解である。

問2　「絵の中で雨を線で描くのは日本人だけらしい」「欧米人には雑音としてしか聴こえない虫の音が，日本ではすごく美しい音色に聞こえたりする」とあるので，2が正解である。

XVII

問1　（A）の直前の「おのずから遊ぶ」という状況と直後の「もっと遊べ，と脅迫され」という状況は相反しており，（A）には逆接の意味を持つものが入る。（B）の直後には「よけいなお世話」とは言えない理由が書かれており（B）には理由を示すものが入る。

問2　滑稽とは，ばかばかしいという意味である。本来はおのずから遊ぶものなのに「どのように遊べばよいのか」を討論している状況をばかばかしいと捉えている。

問3

1．×　「非人間的な労働を強いられている」のは「巨大な企業」の「労働者」である。

2．×　筆者は，「看護」や「介護」の分野などを挙げて「大事な仕事」としている。

3．○　「看護婦さんたちの労働状況にしても，また老人介護の分野にしても，大事な仕事があまりにも日のあたらないまま放置されている」と書いてある。

4．×　「メーカーの下請け，孫請け企業では身をけずるような労働がつづいている」と書いてある。

第7回 実戦問題

記述問題1 解答例

　会社にとって良いメンバーとは、会社の目的を理解し、経営成績の向上に対して自分の能力を発揮できる人材であると思う。

　ゼネラリストタイプの人はバランス感覚に優れ、会社全体を見まわすことができる。このような人は、経営成績を上げることまで視野に入れながら仕事ができるため、会社にとっては最も有能な人材であろう。

　一方、プロフェッショナルタイプの人は、会社にとって、ゼネラリスト以上には、良いメンバーとはならないだろう。例えば、新しい商品に内蔵する先端技術の開発のために、新しく専門性の高いメンバーを迎えたとする。そのメンバーは、先端技術の開発を熱心に行いはするだろうが、商品化についてはあまり考えが及ばないのではないだろうか。技術を追求することが何より大切なのである。コストや開発期間の意識が低いまま技術を追求し続ける可能性もあり、そうなると会社の経営に悪影響を与えることになる。

　これらを考え合わせると、会社にとって良いメンバーとは、ゼネラリストタイプの人である。このような人が会社の中心にいることで、専門的な知識を有した人材もいきてくるのだと思う。

第7回　実戦問題

記述問題２　解答例

　どのようなことを考慮して大学を選ぶかについて、自分の学びたいことで選ぶ方法と世間からの評価で選ぶ方法の二つから考えてみたい。

　まず自分のやりたいことで選ぶ場合には、興味のある内容を学べることで高い満足感が得られるだろう。しかし、世間には認められず、大学名が重要な就職活動の際には不利になることがあるかもしれない。

　一方で世間からの評価で選ぶ場合は、世間から良く思われることで承認欲求が満たされたり、大学名のおかげで就職活動に有利になったりすることが考えられる。ただし、周りからの評価を気にし過ぎて疲れてしまう恐れがある。また、世間からの評価というものは流動的である。

　これらを踏まえ、私は、自分の学びたいことが学べるかどうかを考えて大学を決めるべきだと思う。そもそも大学は学ぶための機関であるし、せっかく4年間という貴重な時間と高い学費を費やすのであれば、他人から良く思われたいからという理由ではなく、自分の興味や成長のために使ったほうがずっと有意義だからである。

第7回　実戦問題　読解問題　解答・解説

問	解答番号	正解	問		解答番号	正解
I	1	**1**	XI	問1	11	**2**
II	2	**3**		問2	12	**2**
III	3	**2**	XII	問1	13	**4**
IV	4	**4**		問2	14	**1**
V	5	**2**	XIII	問1	15	**2**
VI	6	**4**		問2	16	**4**
VII	7	**4**	XIV	問1	17	**2**
VIII	8	**2**		問2	18	**4**
IX	9	**4**	XV	問1	19	**1**
X	10	**4**		問2	20	**3**
			XVI	問1	21	**3**
				問2	22	**2**
			XVII	問1	23	**4**
				問2	24	**4**
				問3	25	**1**

I

「四億年前には脊椎動物が上陸」し「その頃に，クモも現れてきた」と書かれている。一方で「人類はたった四○○万年の進化の歴史を持っているにすぎません」と書かれている。（A）は，その流れを受けてクモと人類を比較した内容なので，１が正解。

II

１．×「手作り餃子で楽しくお昼ご飯を食べながら」とある。手作り餃子は「餃子パーク」で作る。

２．×「日時」の欄に「雨天の場合，11時10分に大学駐車場に集合後，餃子パークへ向かいます」と書いてある。

３．○「応募方法」の欄に「イベント開催日の３日前までに」とある。

４．×「応募方法」の欄に「参加は大学・大学院１年生のみ」と書かれている。

III

「自明（『あたりまえ』）だと思ってきた」ことを「〈あたりまえではないもの〉として，新鮮なもの」として「見せてくれる」と書かれている。これを満たしているものは，２だけである。

IV

「生まれてくる条件を何ひとつ選択できない」，「生まれて生きてゆく最終目標，終着駅を選択できない」「乗車期間が限られている」という３つのことは，いずれも生きることの不自由さを表現しているので，４が正解である。

V

企業をエスカレーターにたとえている。一度，エスカレーターに乗れば「自動的に上へあがっていく」のであり「働かず，休まず，悪いこともせず勤めていれば，自然にえらくなる」のである。正解は２。

VI

「悲しいではないか」と発した「昔の青年たち」のほうが「いきいきと頼もしく感じられる」と書かれている。また，（A）の次の段落で「暗いものを暗いと感じ」「その気持ちを率直に友人や家族たちにぶちまけ」る「人間のありかたのほうが，魅力的に感じられる」とあるので４が正解。

VII

「日本のワザの伝達方法」は「擬制的親族関係」のなかで「師匠は弟子にわかりやすく教えるのではなく」弟子は「自主的に学びとり，師匠から芸やワザを『盗んで』修業すべきだとされる」とあるので４が正解である。

VIII

「生きるというだけですでに様々なことと闘い，懸命に自己を保ち，同時に自然と融和している」「いのちの健気さを，自分自身で認めてあげてほしい」と書かれている。これに合うのは２。１は「『生かされている自分』と言うことすらおこがましい」とあるため，誤り。

IX

「日本人は模倣が得意」だが「独創性に欠けるという批判」が行われている。しかし，外国の文化の「受容にあたって，何らかの選択的判断が働いていた」ので「そこに相手国とは違う日本の独自性を見ることができるのではないか」と書かれている。正解は４。

X

「名画」は「ものすごいエネルギーを持っている」ので「一点見るだけでも，はっきり言って疲れる」。こうなると「つぎに素晴らしい作品を見ても本当に感動するということがない」状態になる。そういう時は

「窓のそばへいって一呼吸入れるといい。ガラスごしに外の景色を眺める」と「元気が湧いてくる」とあるので，４が正解である。

XI

問１　「客室乗務員の女性」の「歩いている」様子が，「幾世代も受け継がれてきた」日本人独特の歩き方だったのである。選択肢４も歩き方に言及しているが美しいか否かは本文では述べられておらず，本文全体の主旨からしても，歩き方（からだの使い方）の差を論じてはいても美醜を言いたいわけではないので，正解は２。

問２　「美容体操」の歩き方は「頭に本などをのせて歩く訓練をする」ので，同じように頭に荷物を乗せて歩くサバンナの女性と似ている。また，「上体」を「垂直」にするサバンナの女性の歩き方は「背筋を伸ば」す美容体操の歩き方と同じである。よって解答は２である。

XII

問１　日本は「地図を見ると，ずいぶん南国のように見える」「南国は勤勉でないから文明も進まない，そういう思い込みのあるヨーロッパ人にとって，日本は信用できる国家とは思わなかった」のが，「雪が降るときいて」「信用できる」という評価に変わったのである。よって４が正解である。

問２　「かつて到るところにあった銭湯の下働きはきびしかった」ので「馴れない温暖地育ちではひと月ともたなくて辞めてしま」い，残る人は雪の降る「越後から来た人ばかりになる」とあるので１が正解である。

XIII

問１　「一方的に技術が進歩しても人間が追いつかない限り，その技術は本来的に活かされたことにはならない」とあるので，２が正解である。

問２　「技術が人間を支配する流れに抗して，人間が技術へ課する制約を考慮すべきと言いたいのだ。所構わずケータイが横行し，クルマが大手を振って道路を占拠している事態を，『異常』だと捉える感覚のことである」といっているので，４が正解である。

XIV

問１　私が富士山のことを「彼女はとても気紛れなんだよ」と言ったことに対してフランスから来た友人が「驚いたように，『富士山は女性なのか』と反問して来た」ことで「はじめて気がついた」ことなので，２が正解である。

問２　「芸術表現も，異文化（例えば西欧文化）の視点を受け入れ，それと対比することによって，いっそうよくその特質を明らかにすることができるであろう」「ここに集められたさまざまの文章は」「複眼の視点による日本文化論である」とあるので，４が正解である。

XV

問１　（A）の前には「知見を活かす機会を十分に活用すべき」とあり，後には「限界もはっきりと認識しておかねばならない」とあり前後は逆接関係にあるので「しかし」が入る。（B）の前には「答申案」は「官僚が作文し，科学者はそれを追認するのみ」とあり，後には「官僚が決めた政策にお墨付きを与えるだけ」とあり，前後が同一内容の言い換えなので，「つまり」が入る。よって正解は１である。

問２　本文に「国のみに顔を向けた『説明責任』であって，国民に対して真の『説明責任』を果たしたとは言い難いだろう」とあるので３が正解。１は「常に正しい」が，２は「罪悪感を抱いている」が，４は「科学者の研究内容さえも決めてしまう」という内容がそれぞれ本文に合わない。

XVI

問１　１段落に「動物性タンパク質」は「良質タンパク質といわれる」が「ゼラチンは例外なのである」「ゼラチンには必須アミノ酸がいくつか欠乏しているためである」とあるので，３が正解である。

問２　「タンパク質の栄養価とは，食べ物から吸収されたタンパク質が体内にどれぐらい保留されたかを表した値である。この値は必須アミノ酸の含有量とバランスのほかに，消化吸収率や生体内における利用度によって左右される」とあるので，２が正解である。

XVII

問１　筆者は，「教養の危機」の原因として「活字文化」の衰退や，さらに掘り下げれば「知のあり方の変化」を挙げているが，問１では「教養の危機」と「活字文化」の衰退の関係を捉えて答えればよい。「活字文化」に対応するものは「新聞」と「個人の著作」だが，このうち，「情報」ではなく「知識」に近いほうが答えとなる。

問２　下線部(2)「この変化」は，「人間の知のあり方の変化」のことを指している。「人間の知のあり方」は「知識よりも情報が優位を占める傾向」に変化したと書いてあるので，答えは４となる。

問３　「情報という言葉のもっとも常識的な定義が，この主題の多様性，新鮮さと断片性，猟奇性と実用性であることはいうまでもあるまい」とあるので１が正解。２は「情報という言葉」の「定義」に「実用性」も含まれるので，実生活に役立つはずであるため，不適。３は「断片性」が強められているのは「情報」の方なので不適。４は本文全体を通じて，「変化」が説明されており，「人の知のあり方は変わらない」は不適。

第8回 実戦問題　記述問題1　解答例

　学生を年度ごとに一括して採用することが日本の企業が成長できない要因であるという批判をたびたび聞くことがある。たしかに一括採用をしている限り、やむを得ず就職時期がずれた優秀な人を採用できない。また一括採用だと、社員が横並び意識を持ってしまい、向上心や競争心が生まれにくいといった指摘もある。

　しかし、一括採用には大きなメリットがある。まず、新入社員の研修を一度で行うことができる点である。その後の社員教育も時期をそろえて行いやすい。社員教育は企業の成長に欠かせないが、それが低コストでできれば、企業にとっては大きなメリットである。そして、社員教育だけでなく人事管理全般がしやすい。さらに、一括採用によって連帯感が生まれやすく、社内の衝突が起こりにくくなる。そうすれば、ストレスの少ない人間関係を作りやすい。社員同士が連帯意識をもっていることは、たしかに横並び意識にもつながるが、社内でのトラブルは少なく、良い結果をもたらすことも多い。日本企業の強みは、この社員の連帯感にあるのではないだろうか。

　以上のことから、私は、学生を一括して採用することに賛成する。

第8回　実戦問題　記述問題２　解答例

　小学校で標準語を用いて教育をすることで、全国どこへ行っても問題なく意思疎通が図れるという利点がある。旅行や引っ越しで遠く離れた地に行き、その地方の方言が理解できなくても、お互いに標準語を使うことでコミュニケーションが円滑になるのだ。また、標準語を知っているからこそ、テレビ番組、雑誌、新聞等も誰もが同じように理解することができる。

　しかし、標準語での教育のみになると、方言を軽視しているかのように感じられ、子供たちが「方言は利用価値が低いもの、良くないもの」という否定的なイメージを持ってしまう恐れがある。また、方言はその地域に代々伝わってきた伝統であるが、それを否定することにもなりかねない。

　以上から、私は、教育のすべてを標準語で行うのではなく、標準語での教育を基本としつつも、方言を用いての教育を行う時間を作るべきだと思う。標準語を使いこなせなければ自分の可能性を狭めてしまうかもしれない。しかし慣れ親しんだ方言も伝統として大切にしていくべきものでもあるから、両者のバランスが大切である。

第8回　実戦問題　　読解問題　解答・解説

問	解答番号	正解	問		解答番号	正解
I	1	**1**	XI	問1	11	**1**
II	2	**4**		問2	12	**2**
III	3	**1**	XII	問1	13	**1**
IV	4	**2**		問2	14	**2**
V	5	**3**	XIII	問1	15	**2**
VI	6	**2**		問2	16	**1**
VII	7	**1**	XIV	問1	17	**4**
VIII	8	**2**		問2	18	**3**
IX	9	**4**	XV	問1	19	**3**
X	10	**2**		問2	20	**4**
			XVI	問1	21	**1**
				問2	22	**4**
			XVII	問1	23	**2**
				問2	24	**1**
				問3	25	**4**

I

「死を想う」と，死に「親しんで生きる」ことができる。そうすれば「自分たちの力で人生をつくっていける」という「傲慢」さから離れられる。そのことの大切さを述べた文章。正解は１。

II

１．×　「参加条件」の欄に，「中国語での日常会話が可能なこと」とある。
２．×　「留学日程」の欄に，「日本国内の交通費の支給はありません」とある。
３．×　「募集人数」の欄に，「まず書類選考を行い，合格者には面接を実施」すると書かれている。
４．○　「申し込み」の欄に，「10月19日（金）17時までにいずれかの方法でお申し込みください」と書かれている。

III

下線部中の最初の「それ」は，現代の学生が「まともな文章を知らない」ことである。そのことを学生の「怠慢」だと言うことを「それこそ怠慢ではないだろうか」と指摘している。現代の学生に対して，「文章を書くため」に必要な「言葉の知識や文章の型というものを身につけ」られるような「古典や名著」を読ませてこなかった，学生を教育する立場の人間への批判が読み取れる。よって正解は１。

IV

空欄の前には，雑草は「必ずしも邪魔な悪い草という意味はない」とあり，空欄の後には雑草は「良い意味にも使われている」とある。空欄前の内容とは大きく離れた内容が空欄のあとに付け加えられているので，２が正解。

V

２～３行目に「シンパシーというのは，もともと『痛みの共有』という意味で，患者が何を感じているのか理解する，共感するということ」と書かれている。そのために「ロールプレイで患者になってみるというのもいい方法」だと書かれている。これに合うのは３。１は，そもそも患者は「率直に言わない」のだから，そのまま受け取るだけでは不十分であり，不適。

VI

２段落で「それぞれの持つ個性が多様であることはむしろ大きな力となる」「個性を生かしつつもそれぞれの持つベクトルを合わせて会社全体の力としていければ，大きな成果を生む」とある。この内容を満たしているのは２のみである。

VII

１．○　４～５行目「人間にできるのは三分，それを越える天によるのが七分だと」いうことが見えてくると書かれている。
２．×　人間の力の「消極的」なところが見えるとは書かれているが，消極的になるとは書かれていない。
３．×　このような内容は書かれていない。
４．×　最後の段落に「三分の一だけ努力すればいいというわけではない。十をすべてやるのである」とある。

VIII

「新しい学力」とは「問題を発見して，解決していく，問題解決型の学力のこと」である。ではなぜ，このような「新しい学力が必要になってきたのかというと，世の中で私たちが直面するさまざまな問題」を解決するのに「総合的な力が必要になってきたから」である。正解は２。

IX

２段落に「おとなは自分自身の『育つ』を終えてから子どもを『育てる』ことを始めるのではない。おとなだって，育てながら育っている」とあるので，４が正解。

X
日本の大学が「細かい順序づけがなされている」理由として「各大学が（A）をもっていない」ことが挙げられる。それを防ぐ方法として（A）の次の文に,「各大学が多様な個性をもてば，それを一様に順序づけることができない」と書かれているので，２「大学としての個性」が入る。

XI
問１　３段落に「目でものを見るのは，じつはエネルギーのいることだったと痛感する。」「目の出力が完全に落ちていて，ピントが合わない」とあるので，１が正解。
問２　２段落に「見ることはエネルギーのいる運動なんだと，よーくわかってくる」３段落に「目でものを見るのは，じつはエネルギーのいることだったと痛感する」とあるので，２が正解。

XII
問１　「共通語というものは，大体東京の言葉が基本になっている」。そして「東京という都会に住んでいる人間の間に生まれた言葉であるために，どうしてもきめ細かい表現が足りない」とあるので，１が正解である。
問２
１．×　「東京に住む人は，きめ細やかさを身につけるべき」とは書かれていない。
２．○　「共通語」の表現を「豊かなものにしなければいけない」と書かれている。
３．×　「方言を放逐してしまって，我々の話す言葉が共通語だけになってしまうこと」は「大いに考えなければいけない」（＝問題である）と書かれている。
４．×　このような内容は書かれていない。

XIII
問１　下線部「それ」の前の段落に「たとえ犬が嗅ぎつけて追ってきても，ヤブに阻まれ，繁みで行き迷う。ウサギはその間，大きな耳を前後左右に動かして，じっとようすをうかがっている」とある。また，下線部の後ろに「強いものを翻弄できる」とあるので２が正解である。
問２　「自分の領分であって，そこにいくつもの道をつくる」とあり，その「ウサギ道」によって敵から逃れていることが本文から読み取れるので１が正解である。

XIV
問１　（A）の直前に「移動や生活時間といった」とあるので，４の「物理的制約」が正解である。
問２　下線部の次の段落に「けっしてネットワーク全般に見られたことでもなければ，ネットワーク固有の現象でもない。雑多な人が集う場なら，多かれ少なかれ見出せることだ」とあるので，３が正解である。

XV
問１　「老人の悲しみというのは，自分が蓄積した知識，経験をもはや世の中が必要としていないと思ったときに起きるのです」とあり，この老人は「バラ作り」という「自分が蓄積した知識，経験」を必要とされていると感じているので，３が正解である。
問２　「何も人の役に立たないということは，人間にとっていちばん辛いことなのです」とあるので役に立つという意味の「有用」が入っている，４が正解である。

XVI
問１　「アメリカ東北部に始まった新しい動きが，アメリカの産業技術をヨーロッパ大陸に先行させる境位を開いた。それは部品の標準化という動きであった」とあるので，１が正解である。
問２
１．×　問１の解説参照
２．×　アメリカで「最も普及度の高かった小銃の大半は，ヨーロッパ大陸からの輸入によって賄われていた」とある。
３．×　アメリカより起こった「標準化運動」は「大量生産とともに品質管理」へと「進む道」を「準備することになった」とある。
４．○　選択肢２の解説参照。

XVII
問１　直後に「肉食動物にとっては見つけやすい」と書いてある。これに最も近い表現である２が正解。１は選択肢前半が本文にない内容であり不適。
問２　「天敵に対する警戒能力が高まること」「さまざまな能力を持つものが集まることによって，天敵に対抗している」「群れることによって，自分が襲われるリスクが減るというメリットもある」の３つが本文に書かれている「生物が群れを作る」ことの利点である。正解は１。
問３
１．×　「犠牲」にすることで「群れ全体」の能力を高めるという記述は本文中にはない。
２．×　「さまざまな能力を持つものが集まる」と書いてある。
３．×　群れを作るメリットとデメリットの大きさの比較は本文中でなされていない。
４．○　５段落で異種の動物が集まった群れの強みを具体的に表現している。

第9回 実戦問題

記述問題1　解答例

　現在、私たちの生活の中で使われる車はガソリン車が主流であるが、なぜガソリン車が使われ続けるのだろうか。

　まず、これまで普通に使われてきたために、そのまま使い続けているという理由があると思う。多くの人は、特に理由がなければ馴染みのあるガソリン車以外を使おうとは思わないだろう。また、電気自動車などのエコカーが実用化されてきたのは最近のことであるが、それらはガソリン車よりも金銭的な負担がかかるために、結局ガソリン車を使い続けてしまっているという理由も考えられる。

　しかし資源保護の観点から、ガソリン車を減らし、エコカーへの移行を促すことは不可欠である。エコカーへの移行が進まない最大の理由は、コストだと思う。そのため、購入時の補助金制度を充実させることが有効だろう。また、税金についても、エコカーを優遇するべきだ。そのために社会的な負担が生じたとしても、ガソリン車を使い続けて環境に負担をかけるより、長い目で見れば社会にとってメリットがある。そのことを念頭に、エコカーに対する思い切った優遇措置を設けるべきだ。

第9回　実戦問題

記述問題２　解答例

　現在、社会において、働く人にいろいろな健康問題が生じている。例として、会社に勤めている人の運動不足の問題が挙げられる。

　特に運動不足の問題が深刻なのは、デスクワークの人である。一日のうちの大半を座って過ごすため、一日の運動量が極端に少なくなってしまい、このことが生活習慣病の原因となる恐れがある。しかし、就業時間中に運動することは難しく、ストレッチをするくらいしかできないだろう。これだけでは運動不足の解消にはならない。

　この問題の解決策としては、通勤時間に運動になることを取り入れてみることだ。例えば、電車通勤の人は、一駅手前で降りて歩くようにしてみる。片道15分程度の歩行でも日々の積み重ねは大きい。また自転車通勤にするのもよいだろう。会社側としては、交通費の削減が見込めるが、その分を社員に還元するなどして社員の運動を促せばよいと思う。徒歩通勤が増えればスニーカーを利用する人も増えるだろう。そういう人のために会社に靴箱を設置するなど運動がしやすい環境を整えるとよいだろう。会社で働く人、会社側の双方が、運動を促進する意識を持ってそれを実行するべきである。

第9回 実戦問題　読解問題 解答・解説

問	解答番号	正解	問		解答番号	正解
I	1	**4**	XI	問1	11	**1**
II	2	**4**		問2	12	**2**
III	3	**3**	XII	問1	13	**1**
IV	4	**4**		問2	14	**3**
V	5	**4**	XIII	問1	15	**4**
VI	6	**3**		問2	16	**1**
VII	7	**3**	XIV	問1	17	**3**
VIII	8	**1**		問2	18	**4**
IX	9	**3**	XV	問1	19	**3**
X	10	**3**		問2	20	**3**
			XVI	問1	21	**3**
				問2	22	**3**
			XVII	問1	23	**2**
				問2	24	**4**
				問3	25	**1**

I

世界は,「言葉を知る以前からきちんと区分され, 分類化されている」のではなく,「言葉が, あらかじめ区切られた独立の存在である物や概念の名前でない」のであり「単語は全体の体系のなかにおかれてはじめて意味をもち, その大きさ, 意味範囲はその単語を取り巻く他の単語によってしか決められ」ないとあるので, 4が正解。

II

講習会に参加する場合に行わなければいけないことは, まず申込フォームから申し込みを行う。そして, 学生課からメールで連絡が来たら返信をする。最後に講習会に参加をするという順序である。よって正解は4。

III

「副作用」とは, 本来, 期待される作用とは別に現れる作用のことをいう。ここでいうセイヨウタンポポの本来の作用とは,「自分だけで種子を作る」ことができる点である。それに対する副作用とは, 自分以外の株の花粉を受粉して, 遺伝的に多様化すること, そして様々な環境への適応をすることができない点である。正解は3。

IV

2段落で「要約が具体例を含んで言えるのならば,『その本は読んだ』と言えると私は考えている」と書かれている。この内容に合うのは4。

V

「嫌がるクモを時間をかけて説得」して糸を採取するよりも, 嫌がらないクモから糸を採取した方が, より簡単に糸を採取できる, という内容になるように空欄を埋めれば良い。正解は4。

VI

筆者は, うつ病は「いまや必要以上に恐れる病気ではない」としながらも,「人類にとっての大敵であることに変わりはない」と考えている。だからこそ「うつ病が, ブログのプロフィールのひとつとしてあまりに安易に使われてしまうというのは」「あってはならない」と主張している。よって正解は3。

VII

「技術を支える主たる枠組みは, 依然として」「資源, エネルギーを事実上無限と想定し, また環境の持つもろもろの処理能力をも無限として想定する」ままである。その原因は,「技術」が人間の欲求に「可能な限り応えようとし」, そのことで「人間の欲求の限界を野放図に拡大し肥大化させ」ていることにある。そして最後の段落に「二一世紀という未来は, 人類にとって極めて悲観的な様相を呈する」と書かれている。正解は3。

VIII

オオバコが「踏みつけに強い秘密」は「やわらかい葉が衝撃を吸収」し「葉の中に丈夫な筋を通している」からである。「茎も, やわらかさと硬さをあわせ持っている。ただし, 茎は葉とは逆の構造である」とあるので, 茎は内側がやわらかく, 外側が硬いと考えられる。1が正解である。

IX

高度成長時代に「多くの住宅ができれば, 核家族化はいっそう進行」していき,「住宅難が解消されるにつれて, 都会でも, 結婚した子どもたちが親とは別に住むようになってゆきました」「住まいが別になれば, それぞれの家庭に, テレビや冷蔵庫や洗濯機が必要になります」と書かれているので3が正解である。

X

4段落に「入口のあたりに全エネルギーのほとんど七

割ぐらいをかけて中が三割なんていうお店が，京都にはわりあい多い」とある。また5段落では「京都というのは，〈飾ること〉あるいは，〈装うこと〉を，非常に大事にする街」だと書かれているので正解は3。4は，中は豪華ではない店が多い，料理も食べる部分が意外に少ない，と本文に書かれているので不適当。

XI

問1　日本でロボットが「仕事仲間として受け入れられてきた」のは「生命のない日常の道具類も，人間と同じような心を持った『有情の存在』と考えてきた」からだとあるので，1が正解である。

問2　3段落に「日本人にとって，縫針や筆はただの生命のない道具ではなく，心を通わせることのできる仲間であって」とあるので，2が正解である。

XII

問1「子ども，とくに娘の場合は，あまりにも長く母親の意思や信念にあわせる形で生きてきたので，ひとりになると何をどう話したり答えたりしてよいか，わからなくなるのだ」。しかも「子どもは母親の微妙な表情や態度，ときには気配からその真意を読み取っては，それに沿う形で自分の気持ちを決定してきた」とあるので，1が正解である。

問2

1．×「教育ママ」は「子どもに自分の価値観を押しつけ」てきたとある。

2．×「子どもの自由と自立を尊重」と「凶悪事件」の因果関係は書かれていない。

3．○「『個人の自立』の重要性がさかんに主張されるようになると，とにかく表面的には『母親が子どもに特定の考えを押しつけるのはよくない』という考えが急速に広まり出した」とある。

4．×　このような記述はなされていない。

XIII

問1「少年の場合には，あくまで人間を見て，その発達と教育を正しい方向に向けることを目的とする」のであり，少年院への「収容期間も，罪の軽重によってではなく，院内での矯正・教育の効果によって違ってくる」とあるので，4が正解である。

問2

1．○　少年法は「非行に対しても社会福祉的・保護的・教育的な態度でのぞむ」とある。

2．×「批判的な意見が多い」とは書かれていない。

3．×　このような記述はなされていない。

4．×「もともとはイギリスのコモン・ローに発する思想で，親に死なれたり棄てられたりした子供を領主や国王が救済・保護・養育したことから拡大・発展した」とある。

XIV

問1「日本で競争的資金といったとき」「『社会のために役立つ』ということを研究成果のなかに入れなければ，いかなる研究も審査に通らない」とあるので，「社会のため」という意味の「公共性」という言葉が入る。3が正解である。

問2「アメリカの場合は，競争的資金を与える側の幅がものすごく広い」とあるので，4が正解である。

XV

問1「誰に雇われようと彼の労働能力は普遍的な価値をもっていた。すなわち，彼には彼の固有の労働能力があったのである」とあるので，3が正解である。

問2「資本制生産様式」のもとで労働者が「労働能力の所有者になるのは，彼が生産－労働過程のなかに入って，生産過程の求める労働能力を身につけさせられたときからである」とあるので，3が正解である。

XVI

問1「ふつうの日本人」とは異なり「ごく少数者の特権だった」「大学教育」を受け「卒業したその少数者は官界に入り，高級官僚」になるような「むずかしい古今東西の書物を読み，めんどうな文章を書く」人のことをここでは「エリート」といっているので，3が正解である。

問2「高等教育が大衆化した」ことによって「文字の読み書き」が「だれにでもできる」ようになったので，3が正解である。

XVII

問1「実際，車中では話している人たちには，相手の云うことはわかっている，きき取れている」と書いている。つまり，ききたい相手の声が，電車の騒音以上に耳に届いているのである。よって，答えは2。

問2

1．×　理解しようとしていることから，教師の説明を意識している。

2．×　反抗できるのは，母親の注意を意識して聞いているからである。

3．×　聞いていないふりをする，とあることから，聞こえていないわけではない。

4．○　事故でもない限り，毎日利用する通勤電車の車内放送をあえて意識して聞き取ろうとする人はいないであろう。意識の外側で放送がされている例である。

問3　最後の段落に「立ち聞きがうまくできないことに対するイラ立ち」とある。正解は1。

第10回 実戦問題　記述問題1 解答例

　エネルギー不足や環境破壊、温暖化という問題を解決するため、科学技術を使って原子力発電が開発された。原子力発電は大きなエネルギーを生み出し、火力発電のように大量の二酸化炭素を排出することもない。

　しかし、それは万能ではなかった。原子力発電所で事故が起き、また核廃棄物の問題もあって安全性が問題視されている。そのため、原子力に代わるものとして、太陽光や地熱、風力などを用いた発電が注目されてきた。新たな科学技術に頼ろうとしたのである。しかし、その開発や実用化には多大なエネルギーを要し、発電施設の建設には環境破壊も伴う。これらクリーンエネルギーの場合、まだ電力供給の安定性にも疑問がある。もし供給が不安定であれば、また別の社会問題を引き起こす。結局いくら科学技術を駆使して問題を解決しようとしても、次々と新たな問題が生じてくるのである。我々に必要なのは、科学技術を使ってエネルギーを大量生産することを考えるだけでなく、エネルギーを無駄にしないという意識を持つことなのではないか。

　私は、エネルギー問題の例からもわかるように、科学技術で社会問題を解決できると考えるのは誤りであると思う。

第10回　実戦問題　　記述問題２　解答例

　大きな会社に勤めることができれば、待遇面で満足のいく生活を送れ、また自分に対する世間の評価が上がるなどのメリットが存在するだろう。しかし、大きな会社で働くことは本当に最重要であるのだろうか。

　大企業に入っても、希望通りの仕事ができる人は少ないと思う。そうすると多くの時間を、不満を抱えた状態で過ごすことになる。いくら待遇や世間体が良くても、幸せとは思えない。

　実際、私の叔父は大企業を辞め小さな会社に勤務している。大企業の中では、大きな仕事の中のほんの一部を担うだけであり、そして機械的な働き方をしていた。しかし、今は製品が出来上がる過程や、お客さんに届くまでの過程を実際に見ることができるという。叔父はそういう働き方がしたかったので、今、とても充実した気持ちで働けていると言っている。給料や待遇は確かに大企業のほうが良いが、働き甲斐を考えると、やはり大企業を辞めて良かったと思っているそうだ。

　大企業で働くことが最重要であるという考えは、自分の希望や喜びを無視してしまいかねない。そのことを、私たちは認識する必要があるだろう。

第10回　実戦問題　　読解問題　解答・解説

問	解答番号	正解	問		解答番号	正解
I	1	2	XI	問1	11	4
II	2	1		問2	12	4
III	3	1	XII	問1	13	1
IV	4	2		問2	14	4
V	5	1	XIII	問1	15	2
VI	6	3		問2	16	4
VII	7	1	XIV	問1	17	2
VIII	8	3		問2	18	2
IX	9	4	XV	問1	19	2
X	10	2		問2	20	4
			XVI	問1	21	1
				問2	22	4
			XVII	問1	23	2
				問2	24	4
				問3	25	3

I
「一定以上の歩数や距離を歩いたら商品などが無料でもらえるサービスを提供しているところもあります。こうしたサービスを提供することで」「少しでも多く歩くことを促進しているのです」とあり，そのことが「人々がよく歩くきっかけとなるのも事実です」と書かれているので２が正しい。

II
1．○「応募方法」の欄に，「希望清掃エリア」を書く，とある。
2．×「謝礼」の欄に，「規定に従って支払」われる，とある。
3．×「選考」があるかは不明。また，「面接」があるとは書かれていない。
4．×「説明会」の欄に，「都合の良いほうに参加してください」とある。

III
「禅問答」とは，一見すると非論理的で，真意をとらえにくい問答のことをいう。ここで，「まるで禅問答」だといわれているのは「雑草を完全になくす方法」は「雑草をとらないこと」だという答えである。この非論理性を指摘している選択肢を選べばよい。要素を満たしているものは，１だけである。

IV
２段落に「教師は，王様であったり道化であったりしなくてはならならないようである」とある。「王様」は「権力」の象徴として書かれており，「道化」は「ユーモア」の象徴として書かれている。また，「王と道化と言っても，人によってどちらかが得意であって，どちらかは苦手ということもあろう。各人はその点をよく意識していなくてはならない」とあるので，２が正解である。

V
最後の文「これが人間の知恵というものでしょう」の指示語「これ」は，直接的には直前の「私たちは冷静で慎重な計算のもとにその作用と副作用のプラス・マイナスを加減しながら役立ててきました」を指している。指示語が指している内容がそのまま書かれているわけではないが，上の記述から１が正解だと分かる。

VI
１段落１～２行目に「ノーベル賞の授与にあたり，国家や社会に役立つか役立たないかということは選定理由にはなっていません」とある。また１段落３～４行目で「ダイナマイトの兵器利用に晩年まで苦悩した事業家ノーベル」，２段落２～３行目「科学に取り組む人間に対し，利得を得ようなどとは発想もせずに」から，３「研究成果の利用価値」が入る。

VII
２段落１行目「安全と危害との間の危ういバランス」の「安全と危害」とは医師が「一見『危害』と思われるような行為を患者に行ったとしても」，「患者のより大きな利益と安全とを保証する」ことを指す。そのことが「危うい」ということは，医師の行う行為に対する信頼が失われているということなので，１が正解である。

VIII
２段落１行目に「哲学の本当に大事なことは，『わかる』『わからない』ではないはずだ」とある。本文内容と合致し，この内容を満たしているのは３のみである。

IX
下線部の指示語「そういう」は，直接的には前の文「人工腎臓だって完璧じゃないけど，十年，十五年と人の命を救っている」を指しているが，それだけでなく文章全体を受けているとも考えられる。「完璧じゃない」けれども，何とか長く付き合っていくという文章の主旨をとらえたい。

1．× 「人工」なので，「神様が作り出した」と合わない。

2．× 「十年，十五年と人の命を救っている」ので「ある時点で期待を裏切る」と合致しない。

3．× 「十年，十五年と人の命を救っている」の部分に書かれている，良い側面について触れられていない。

4．○ 上の要素を満たしている。

X

「『音楽を通じて，お互いの文化を理解しあう《サウンド・オブ・エイジャ・コンサート》』」を開催する「そもそものきっかけは，『歌にこそ民族の心が生きているのに，歌詞がわからないとその内容が通じないのではないか』という気持から」だと書かれているので，2が正しい。

XI

問１ 「アサガオは，秋になると枯れて種がこぼれ落ちる。しかし，その時期に芽を出すと，やがて来る冬の寒さで，すべて枯れてしまう。そのため，種子が落ちてもすぐには芽を出さないようになっているのである」とあるので，４が正解である。

問２ アサガオは「茎を頑強にする必要が」ないので「どんどん伸びていくことができる」。「この成長の速さが，子どもたちが観察をするのに適していた」とあるので，４が正しい。

XII

問１ 「誰でも参入できるビジネス」という状態を「的確」に示していないのは，少数の資本が，競争者を排除するという意味の１「独占」という言葉である。

問２ 最後の行に「誰でも本を出版できるようになる」とあるので，４が正解である。

XIII

問１ 目が映像を定着させる網膜は「有機的で，常に揺れ動いていて，確定したものではない」とあるので，２が正解である。

問２ 「錯覚によってあらぬものを見てしまって，そこからあらぬものが広がって，あらぬものが生まれたりする」とあるので，４が正解である。

XIV

問１ （A）の前に「はっきりとは摑めていない」とあり，その後に「わからないことのほうが，はるかに多い」とあるので，二つのものから後者を選択する「むしろ」が入る。（B）の前が「目に見えないものが作用している」。後が「森のあちこちで，むくむくと生え出てくる」と因果関係なので，「だからこそ」が入る。よって，正解は２。

問２ 下線部「この気まぐれな生き物」の「この」は前の段落の２「キノコ」を指している。

XV

問１ 「元々，日本は遅れた科学国家として出発したから，生活や生産に役立つ部門が『実業』として重視され」てきており，「その偏りがずっと基礎科学軽視として続いてきた」とある。「科学者にも」この考え方が浸透しているという文脈なので，２が正解である。

問２ 「科学者の信用がいっぺんに下落してしまった」のは「わかっていることの限界を忘れて，あたかも万能であるかのように科学を社会に売り込むこと」をしたからであるので，４が正解である。

XVI

問１ 「『遊び型非行』とは，非行の動機がその行動以外に何らの目的をもたない非行，『遊び』的要素が強い非行のことである」とあるので，１が正解である。

問２ 少年の「問題行動」を「警察」などに届けることによって「犯罪化」は生じる。この「犯罪化」によって「非行率は大きく変わ」ると筆者は考えている。よって正解は４である。選択肢２は「警察」というワードを含むが，店の人と警察の意思疎通がうまくいっているかどうかといったことは本文には書かれていない。

XVII

問１ 最後の段落に「実は彼らほど理想を手放せない，『あきらめの悪い』人はいないのかもしれない」とある。この文章の「彼ら」とは今の若者のことである。よって正解は２。

問２ 筆者は，「担保期間」は，本来理想の実現のために必要なものだが，若い人が受け入れられない期間だと考えている。

1．× 担保期間とは関係がない。

2．× 本文には，理想を忘れるという記述はない。

3．× ２段落の内容から，筆者は，理想を追求する段階で妥協は必要だと考えている。

4．○ 「下積み時代」には「泥くさい努力」が必要だと本文にある。

問３ 筆者は「理想を追求してうまくいかないとすぐに行動するのをストップする若者」の状態を「純粋」と表現している。「理想を追求」するという側面と「傷ついたり妥協したりするのを避ける」という側面の両方を満たしている３が答えとなる。

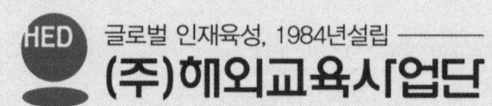

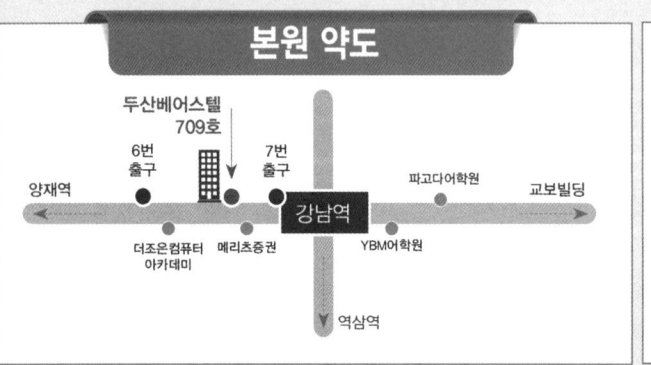

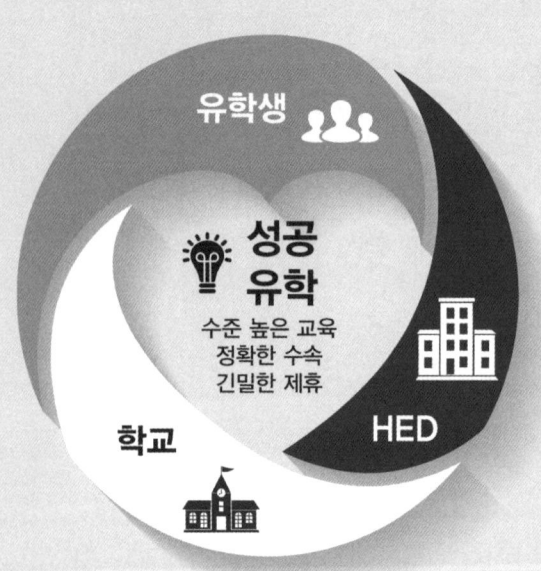

㈜해외교육사업단 발행 도서

일본유학시험(EJU)
2023년 2회 기출문제

일본유학시험(EJU)
대비 개념서 하이레벨
종합과목 개정 제2판

일본유학시험(EJU)
대비 개념서 하이레벨
이과 물리 · 화학 · 생물 개정판

일본유학시험(EJU)
대비 개념서 하이레벨
수학 코스1

일본유학시험(EJU)
모의시험 10회분
일본어 기술 · 독해

일본유학시험(EJU)
모의시험 10회분
일본어 청독해 · 청해

일본유학시험(EJU)
실전문제집(10회분)
일본어 기술 · 독해 vol.1

일본유학시험(EJU)
실전문제집(10회분)
일본어 청독해 · 청해 vol.1

일본유학정보도서
일본대학 학과도감

일본유학정보도서
일본 고등학교 유학가기

일본유학정보도서
일본 유학으로 성공하기

일본유학정보도서
일본 유학 수속 가이드

▶ 판매처 : 교보문고, 영풍문고, 예스24, 알라딘, 인터파크 (각 서점 및 사이트에서 구입 가능)

▶ 해외교육사업단 : 전화 02-552-1010/ 팩스 02-552-1062/ 이메일 hedc@hed.co.kr

名校志向塾
MEKO EDUCATION GROUP

일본유학시험(EJU) 실전문제집
일본어 기술 · 독해 Vol. 1

초판발행일 : 2019년 10월 01일(1쇄)
2020년 08월 01일(2쇄)
2022년 03월 10일(3쇄)
2024년 09월 03일(4쇄)

저　　자 : 메코시코주쿠 (名校志向塾)

발 행 인 : 송 부 영

발 행 처 : (주)해외교육사업단

출 판 등 록 : 제16-1456호

주　　소 : 서울시 서초구 강남대로 381

전　　화 : 02-736-1010

이 메 일 : song@hed.co.kr

홈 페 이 지 : www.hedgroup.co.kr

* 이 도서의 국립중앙도서관 출판예정도서목록(CIP)은 서지정보유통지원시스템 홈페이지(http://seoji.nl.go.kr)와 국가자료종합목록 구축시스템(http://kolis-net.nl.go.kr)에서 이용하실 수 있습니다. (CIP제어번호 : CIP2019037308)